# 预见未来商业

王祚彦 ◎ 著

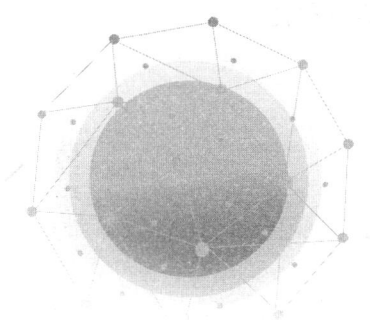

# THE
## FUTURE
## BUSINESS

世界知识出版社

图书在版编目（CIP）数据

预见未来商业 / 王祚彦著. -- 北京：世界知识出版社，2018.9
ISBN 978-7-5012-5846-8

Ⅰ. ①预… Ⅱ. ①王… Ⅲ. ①商业模式－研究 Ⅳ. ①F71

中国版本图书馆CIP数据核字(2018)第211845号

---

| | |
|---|---|
| 书　　名 | **预见未来商业** |
| 作　　者 | 王祚彦 |
| 责任编辑 | 王瑞晴　蔡金娣 |
| 策　　划 | 时间旅行者 |
| 出版发行 | 世界知识出版社 |
| 地址邮编 | 北京市东城区干面胡同51号（100010） |
| 电　　话 | 010-85112689（编辑部）<br>010-65265923（发行部）　010-85119023（邮购电话） |
| 网　　址 | www.ishizhi.cn |
| 经　　销 | 新华书店 |
| 印　　刷 | 三河市华东印刷有限公司 |
| 开本印张 | 710×1000毫米　1/16　16¾印张 |
| 版次印次 | 2019年1月第1版　2019年2月第2次印刷 |
| 标准书号 | ISBN 978-7-5012-5846-8 |
| 定　　价 | 42.80元 |

**版权所有　侵权必究**

比尔·盖茨如何成为世界首富
乔布斯的神技
如果这家公司倒了，全世界都会哭
诺基亚被击倒的秘密
挑战安卓的必杀技
超越诺贝尔贡献的"人造血小板"
让中医经络穴位有数据的黑科技

维护世界商业秩序的
AI-ISO
人类有史以来最伟大的事业
爱与慈悲

笑看世纪巨擘的风采核心
确立为了生命更好且有价值

王祚彦
爱与慈悲经济学　创建人

# 爱，一个都不错过

刘强文

与王祚彦先生一见如故。先生寥寥数语，看似云淡风轻中卷舒着无微至高，点滴间点破物事的本质，让我受益匪浅，收获颇丰。

拜读完《预见未来商业》后，更是被先生的大爱与慈悲折服，与其说为本书作序，倒不如说是一篇对爱与慈悲的体悟————

爱，让一切受益。爱，一个都不错过！

爱，包含一切。爱，一切爱一切！

爱是生活的本体，是生命的结晶，是人性的操守，是品，是德，是道，是行，是人生最伟大的奉献，是人类最真切的写照，是世界方圆共同拥有的自在，安然舒泰，可乐给予。

爱的本身不存在任何人为的性质。爱，只要存在爱的单元，人间则永世幸福快乐！

作为真正则四通八达。同道齐亦行也！

人类的文明历史绵延数千年，古老的东西不计其数。有些东西被否定了，取代了，然而一次次令我们震惊的却是古人为后人留下的一座座智慧的高峰，其理论和思想不断地在今天得到印证，促使我们去研究，去探寻……而先生其人、其作亦是如此，如同宝藏。愿有缘之人亲近之，汲取之，采撷之。

# 为王祚彦先生《预见未来商业》序

何蔚萍

有的事情,我们需要把它放到更为广阔的时空背景上来认识,才可以看清楚它的真正价值及其易被忽略的深远意义。王祚彦先生新作《预见未来商业》就是如此。

我们回顾一下,人类文化发展史有过几次大的机会:第一次机会是古希腊,它的哲学、艺术、建筑的繁荣,使它成为欧洲文明的源头;第二次机会应该是中国的春秋战国时期,诸子百家的出现,确立了中华民族的文化格局和精神走向,使汉唐盛世成为世界文明的一个坐标;第三次是16世纪欧洲的文艺复兴,一大批的文化艺术巨匠的出现,奠定了欧洲今天在世界上的文化地位;第四次大机会是,20世纪40年代美国文化产业的兴起,我们看到,今天美国文化产品可以说是横行世界;第五次大机会现在到了中国,同样重要的机会现在给了我们文化界与企业界,而这一次崛起的标志是中华文化的复兴。基于物质文化遗产和非物质文化遗产保护、传承和发展,吸收西方文化的精髓,中国文化将以文化创意产业的形式再一次影响世界。

这一次机会的节点，是自1840年鸦片战争、1895年甲午海战、1900年八国联军侵华、1937年日本侵华，中华民族积贫积弱，终在1949年击退列强，夺回国家主权，1978年开始改革开放，用35年时间完成工业化初期，解决了十三亿人民的温饱，培育了一亿以上的中产阶级，成为世界上第二大经济体。党的十八大，提出了文化强国战略，提出了"一带一路"的新构想。战略目标是要建立一个政治互信、经济融合、文化包容的利益共同体，命运共同体和责任共同体。也就是说，中国推动的是构建一个包括欧亚大陆在内的世界各国互惠互利的利益、命运和责任共同体。在这样一个时间点上，之前物质匮乏的时代，不知在何时已经结束；所有超市不知何日开始，摆满了琳琅满目的货品；产能过剩这个词开始频繁地出现在各种会议上，而之前奋力拼搏的企业家们共同的感受是，生意越来越难做了。他们感受到了时局变化给他们企业发展带来的巨大压力。但要如何应对，才能渡过难关，并好好把握这属于中国的第五次重大机会，重新开创新的天地，熟悉于原先发展模式的他们，一时都有些茫然。

王祚彦先生就是在这样一个时间点上，集几年心血积累，推出了新作《预见未来商业》。他以一种更高、更广阔的胸怀，更犀利的视角，对许多世界知名企业的成功得失进行剖析，从中总结出几条极为重要的规律，从苹果、麦当劳、星巴克、迪士尼、美国棒球、获诺贝尔奖的经济学家等，揭示了成大商的第一要素是，一个企业的产品要想真正成功，一定要附着核心价值，就是可以给客户带来独特体验的精神价值。如，苹果手机超值体验的时尚感；麦当劳给孩子明星体验的自豪感；星巴克给都市白领营造的归属感；迪士尼为孩子们创造童年快乐的幸福感；美国棒球的成功是唤醒街区民众的共同激情；获诺贝尔奖的经济学家则是以悲悯情怀关注弱小群体给他们以信任感而创造了金融史上的一个奇迹。为什么产品的核心价值观变得如此重要？是因为人们对于物质的需求是有限的，而对于精神的需求是无限的。在物质短缺时代过去，面对无数种同质、可供挑选的商品，人们希望挑选更精美、更温情、更有故事、更能打动人的产品。这就是具有文化认同感、有核心价值的产品。他总结的第二点，是一个具有核心价值的好产品还需要一个好的商业模式才能赢得更广泛的受众和获得最佳商业效益。作者从比尔·盖茨、苹果、谷歌、无毒电脑、支付宝等案例，揭示构筑那些好的，让人痴迷的商业模式并非全靠运气，而是有一定规律，有迹可循的。关键是，要把握到那些重要的，必不可少的元素。最后，作者归结，真正美好的商业未来，属于那种胸怀天下，具有大格局又同时具有商业头脑的大商。真正成功的大商是把目标定位在可以为人类做多大贡献这样一个目标上的人。

本书放眼全球，纵横捭阖，观点精彩独到，分析犀利深刻，佐证翔实生动。读来常常让人不禁拍案击节。相信今后众多的读者会有我今日之同感。而对那些一时都有些茫然的企业家或会如偶遇知音，更有醍醐灌顶之感，只叹相见恨晚了。

# 态度决定高度，预见未来商业

黄照寰博士

三年前，一个偶然的机会，我和本书的作者王祚彦兄以及赵天佑兄在谈话过程中，产生了本书中"地球人的频道"之概念。如今王兄出版了这本关于价值、模式、布局和使命，深具意义的书，我非常荣幸能够为此书作序。

书中前两部分谈到企业和产品的核心价值，以及使他们成功的商业模式，探索顶尖公司如何洞悉自己的核心价值，进而布建创新的商业模式，成就了百年霸业，屹立不摇。麦当劳、星巴克、迪士尼、美国职棒、红牛、吉列（剃须刀）、科罗娜、诺贝尔、妈祖、慈济这些我们日常生活中常见的品牌，之所以能持续多年，是因为他们都发现了或创造了产品的核心价值，进而超越，把产品变成生活形态（Style）或信仰。

关于商业布局，王兄提到的苹果、谷歌和微软都让我倍感亲切。我住在加州硅谷（Silicon Valley）的山景城（Mountain View）二十多年，出门右转，走路就可以到谷歌，开车往西南就是苹果，往北一点就是微软的分公司，往东是雅虎，往南是英特尔，可以说出门就见硅谷历史。可是生活在其中，反而习以为常，不会仔细去思考和分析，这本书让我透彻了解他们成功的原因。华人世界能够出现这种公司吗？还要多久我们才会脱离只是制造产品和帮人代工呢？

本书最特别之处在于，它不止分析成功和失败的企业及产品，它更让我们开始思考：面对新的产品要如何找出最适合的商业模式。这些新产品涉及新能源、新医疗。他们的共同点是：救人类、救地球。商业模式一定各有差异，因为其核心价值都不同。但是如果成功，都能深远影响人类和地球。

近年来，企业越来越注重企业社会责任（CSR–Corporate Social Responsibility）。2015年我也曾赴中国介绍卡罗尔CSR金字塔——这是由从事CSR四十余年荣获终身成就奖的卡罗尔（Dr. Archie B. Carroll）教授倡举的。其中许多企业是真心觉醒，也有些是只是为了做好公共关系来加强品牌价值。无论如何，CSR已是显学，新的组织形态也如雨后春笋，譬如社会企业（Social Enterprise）、社会创业（Social Entrepreneurship），以及B型公司（Benefit corporation or B-corp），这些公司的出发点都是社会使命优先，盈利其次。然而一个不赚钱的公司没有存在的必要，这些社会企业不讲求盈利，营运起来反而绑手绑脚，施展不开。就连比尔·盖茨当初也认为一边考虑盈利一边经营慈善事业是很矛盾的一件事，因此退休以后才从事慈善。

2015年,脸书(Facebook)创始人扎克伯格的"裸捐"震撼全球。当时他31岁,将99%的持有脸书股份捐给公益事业,价值450亿美元。年纪之轻、金额之巨都创下世界纪录。通常富人在生命尾声才会放弃财富,而这位新生代的科技新贵如此年轻就开始从事慈善事业。

上述两个例子都是把慈善作为一种企业来经营,亲力亲为,追求效益。这和王兄在书中提出的"大商概念"不谋而合,然而王兄提出的大商格局和大商胸怀又更高一层,强调:为天地立心,为生民立命,为往圣继绝学,为万世开太平。与当今其他慈善事业的概念相比,大商的格局和胸怀更有高度,因为考虑到天地间的万民,同时又是继往开来。

综合来说,这是一本深具意义,剖析价值、模式、布局和使命的书。

如果看完了有什么想法,我送各位书中的一句话:有使命,就去做吧!

# 生命的价值

赛特集团会长 马成章

当今世界风云变幻，商人们为美联储是否加息而心惊肉跳，政客们为竞选"总统"而无所不用其极，巨富可能一夜赤贫而轻生跳楼，明星可能突然身败名裂而退出江湖，但有一些小人物，为了使命，在默默地种树（贾达沃·帕仰），在静静地教书（孔子），在为海上渔民点燃一只灯塔（妈祖林默娘），在炸塌的房子里提炼出了炸药（诺贝尔），在无数的失败中给人们带来光明（爱迪生），他们用生命谱写了永恒的价值，赢得了人们永远的怀念。

本书从一个个成功企业的案例中揭示了商业成功的秘密，发现成功企业背后的商业模式和商业价值，更以作者自身经历及投资经验，给了一大批在商海中挣扎的企业家们深刻的启示，为寻找和探索一条成功之路指明了方向。

笔者和大多数同年代企业家一样，经历过食不饱腹的60年代、动荡的"文革"时期、"摸着石头过河"的改革开放初期、"敢吃螃蟹"的下海经商潮、没日没夜的生产加班期，等等。他们当初可能只是为了摆脱贫困，为了改善生活，而走上办企业这条路，可能并没有什么高尚的理想和远大的抱负，而是正巧赶上中国改革开放飞速发展的30年，由白手起家，成了一名企业家。中国也从一个贫穷落后的大国，成为世界经济强国，鳞次栉比的摩天大楼、风驰电掣的高速列车成了富强和发达的象征。

因业务发展的需要，笔者从亚洲到美洲，从欧洲到非洲，发现不同的地域、不同的民族、不同的习俗文化、不同的经济状况，普遍生意难做。那么，如何才能抓住合适的商机？现在商品过剩，需要如何转型？经济结构不合理，是否需要重新布局？什么是合适的商业模式？如何实现企业价值和人生价值？

王祚彦先生的《预见未来商业》正适时为笔者和同年代企业家们指明了方向。

我们已从PC时代、局域网时代、万维网时代，走向了物联网云技术时代。OTT技术透过云服务可以通过赛特机顶盒进入全球顶端；赛特互联网基地，可以为全球终端提供物联互联技术合作；赛特文化创意产业中心可以以"地球人频道"为媒介，为世界各族人民之间的文化交融提供技术支持和服务；华为、中兴的光纤技术可以构建信息高速公路；北斗卫星和5G技术可以让赛特技术与全球终端无缝链接。人与人之间的联系和沟通成为如此便捷、方便而成本低廉。

透过"地球人频道"人民产生相互的了解和交流，透过物联网技术实现万物互联和自动化控制，中国30年从落后到富强的成功经验，不仅可以帮助改善东南亚及非洲的贫困和落后，更可以消除文化隔阂和误解，达成世界大同的理想境界，也让企业和企业家实现企业价值和人生价值。

这就是《预见未来商业》带给赛特公司的启示，也是成就大商、决胜未来的经典之作！

# 自 序

**世界霸主，一夕崩溃**

很多人问，也有很多人提出说明，诺基亚（NOKIA）是怎么崩盘的？

拥有全世界顶尖精英的诺基亚，怎么会没有料到，自己的公司即将走向灭亡？一句集团员工天天奉为圭臬的法条"科技始终来自人性（Human technology）"最终也因发展的科技抛弃了人性，而导致走向灭亡，我们不禁要问——怎么会这样？

**MP3 的问世，拯救了苹果**

当世界第一个音乐播放器 MP3 播放器发明后，立即颠覆了当时的音乐世界，它取代了已经萧条的黑胶唱片及光盘等，也让所有与音乐有关的播放碟、唱片等，一步步走向衰亡。音乐产业重新洗牌，这也应证了"人性"的巨大力量，可是为何发明 MP3的 MPMAN公司，自身发展平平，却拯救了苹果（Apple）？

## 数码相机是柯达（Kodak）发明的

发明全世界第一台数码相机的，就是称霸相机、电影胶片等领域的伊士曼·柯达公司的工程师斯蒂夫·沙森，可是何以这个超过130年的公司，会被自己发明的数码相机等技术击倒，终结了在相机、胶片领域的霸主地位，还沦落到申请破产的下场呢？

在瞬息万变的商业竞争下，虽然没有永远的赢家，但是落败或暂时被击退的公司，有无再次引领风骚的可能呢？答案当然是肯定的。像被击垮甚至是几乎破产的苹果计算机、华特·迪士尼等公司，都是在逆境中反败为胜。又是什么因素让这些公司可以反败为胜，抑或是让一个新生的公司，得以成为号令天下的霸主呢？

探索这些领袖群伦的公司，是如何洞悉自身产品、公司的"核心价值"，进而布建适合且又创新的"商业模式"，成就号令天下的霸业。而那些无法持续掌握产品、公司的"核心价值"，又遑论会有创新、适当的"商业模式"的公司，就难免走向破败的命运。

许多有创新技术、超凡产品的公司，因为对自身技术、产品、公司的"核心价值"认知不精确，而布建了不适当的"商业模式"；或者甚至对于"商业模式"的认知、了解等，都还停留在传统的思维、逻辑、观念、经验里，不但可惜了技术，更可惜了产品的贡献度、影响力，当然也限制了公司的发展、布局、规模、成就等。苹果计算机公司，在史蒂夫·乔布斯（Steves Jobs）两次掌握实权后，领导公司所开创的创新布局，让我们见识到开拓技术、产品、公司等的"核心价值"及其创造出来的"商业模式"，是如何影响一个产品、一个公司的成败。

　　事业的成败、伟大或平庸的因素是什么呢？或许可以从人类历史上，仰望"谁"对人类最有贡献的轨迹中，学习到这些"伟人"生命的态度、广度及深度，学习到经营事业的远见宏观、创新格局的宽广胸怀，学习到洞察商机的"核心价值"及无与伦比的"商业模式"，学习到成为预见未来的"商人"，学习到成为贡献人类的"大商"。

# 目　录

## chapter1
## 洞悉"核心价值"成就非凡事业

破釜沉舟要具有多大的勇气 / 2

核心价值——麦当劳卖的是汉堡吗？/ 3

这个真牛 / 8

星巴克 / 14

迪士尼 / 20

美国人发明的棒球 / 25

刮胡子成了魔术师 / 31

墨西哥上帝 / 39

经济学家的诺贝尔和平奖 / 43

非凡的核心价值及商业模式 / 52

## chapter2
## 世纪争霸的"商业布局"

比尔·盖茨如何成为世界首富 / 56

苹果卖的是MP3吗？ / 63

人性设计还不够 / 65

诺基亚兵败如山倒 / 69

一场布局五年的战役 / 74

胸襟不同的商业格局 / 77

营运格局成就事业高度 / 79

江山代有才人出 / 83

无毒计算机 / 88

酒店营运模式 / 96

颠覆IT产业的革命性技术 / 102

全息频谱 / 107

无储媒技术、无毒手机 / 113

裸眼三D新时代 / 116

如何挑战谷歌的安卓？ / 120

## chapter3
## "核心价值、商业模式"决定事业高度

解决物联网问题的大商机 / 124

预见未来，绝对不是特异功能 / 133

能源的深思 / 139

电动机车引爆全球的新商业模式 / 142

物物联网的互联网时代 / 145

人造血小板带给人类的贡献 / 148

助　耕 / 157

认识万物波的爱与慈悲 / 166

地球人的频道 / 175

## chapter4
## 成就"大商"的元素

有些事就是要傻傻地做 / 186

小人物的身影 / 189

千年前的不虚此生 / 192

有使命就去做 / 195

挫折成就不朽 / 208

历史上"谁"对人类贡献最大 / 222

"大商"的格局 / 233

**作者经历 / 235**

**后　记 / 245**

# chapter 1

洞悉"核心价值"成就非凡事业

## 破釜沉舟要具有多大的勇气

奄奄一息的苹果计算机，背负着巨大的亏损，再次邀回创始人乔布斯任总裁。

谁也没想到，乔布斯竟然将一手由他辛苦打造出来，更是投入一辈子青春所设计研发的"麦金塔（Macintosh）"计算机产品给抛弃了，这需要多大的勇气和毅力啊！这也就算了，他还全身心投入不是苹果自身擅长，而且已经是全球泛滥、价格低廉的MP3播放器产品。这对当时的苹果，算是孤注一掷的最后战役，难怪当时众多的评论家说：乔布斯不是疯子，就是神。

结果，乔布斯的豪赌使苹果一炮而红，他是神。

以上种种，是怎么发生的？科技的演变是如此地迅速，变化又如此多样，是否有一些蛛丝马迹可以依循，企业在如此多变、竞争激烈、厮杀得刀刀见血的市场里，要如何应对，才能避免如同诺基亚走向破灭的下场。

## 核心价值——麦当劳卖的是汉堡吗？

麦当劳，卖的是什么？是卖汉堡的吗？如果仅仅只是一个纯卖汉堡的食品店，可以做到全球食品业的国王吗？

一个最简单的思维：麦当劳只要将汉堡做得美味好吃就够了，然后卖给顾客，顾客觉得好吃，就会再来消费，累积众多稳定的顾客，生意自然就好，就可以实现国际连锁成为食品业的国王了。是这样的吗？

麦当劳成为全球食品业的国王，代表着美国式的生活文化蔓延全球，而不只是单纯卖汉堡这么简单。也从来没有听过美食家说麦当劳是美食，只说是快餐。这就奇怪了！一个不是美食的快餐食品，是怎么成为国际连锁食品业的国王，而且是众多不同肤色、不同种族、不同信仰、不同文化、不同语言的七零后青壮年共同的成长记忆。

仅仅卖汉堡就有这样的魔力吗？莫非麦当劳卖的是"魔法汉堡"！

20世纪60年代以来,美国文化随着电影工业输入到世界各国,迪士尼、好莱坞、约翰·韦恩、米老鼠等已渐渐家喻户晓。各国人民对富裕的美式生活产生了憧憬及向往,有多少外国人一踏入美国,第一口食物就是汉堡啊!

卖汉堡的麦当劳以美式的管理、卫生标准、消费方式等,打造出可以全球复制的营运模式。裹挟着这股全球对美式文化的强烈追求,麦当劳不但在全美国开连锁店,更大踏步迈出美国,进军全世界,卖全球一样的汉堡、一样的服务、一样的用餐环境、一样的消费氛围,还有一种可以传承的记忆……

**麦当劳打造全球一样的服务质量**

为了在全世界所有的麦当劳卖一样的汉堡,不只是配方,甚至连面包、蘸酱等所有食材,都要空运到各国,当然也包含所有包装材料、生产设备、全球统一的制作程序、食材的保鲜、解冻要求、烹饪温度、料理时间、用料顺序等。落实每一个步骤、细节都要遵守严格的规范，稍有差错，就丢弃重做，绝不马虎，确保让每一个客户吃到的每一口汉堡，都是一样的标准、一样的质量、一样的滋味、一样的满心欢喜、一样的赞不绝口。

塑造全球一样的服务，除了在员工的遴选、培训等方面下相当的功夫之外，还要对员工的思维逻辑、处事态度等，都给予深化教育，让全世界每一个麦当劳伙伴，都展现出相同的点餐服务、相同的态度、相同的笑容。这也是在麦当劳服务的打工生或是正式员工，都有一种在麦当劳服务的气质及骄傲，他们不但是各个服务业优先录取的一群人，更是各国服务业竞相学习的典范。

全世界所有麦当劳的用餐环境都是一样的，外观设计、颜色招牌、点餐柜台、广告布置、桌椅造型、位置摆设、环境温度、卫生配置、清洁标准、儿童专区等，让每一个来麦当劳消费的顾客，不但享有相同的服务质量，更享有相同的环境质量，甚至是到全球的任何一家麦当劳，除了语言之外，都像是回到自己最熟悉的麦当劳餐饮店。

到任何一家麦当劳，消费者都会感受到相同的消费氛围，这不仅仅是一样的汉堡、一样的用餐环境所营造出来的，有些麦当劳还有专门为儿童设计的游乐设备、亲子互动区、儿童用餐区，以及为不同年龄、不同性别的客户特别设计的庆典服务，包含庆典专区、服装、道具、食材、餐点、活动内容等整套庆生、庆婚、庆祝的服务。当然，最重要的消费氛围，还是来自于从小的记忆——一种可以传承的记忆。

**麦当劳的小丑**

全世界儿童最早的共同偶像是什么呢？是大象、猴子、凯蒂猫、芭比娃娃、米老鼠，还是变形金刚？答案是"小丑"，是有着红红鼻子、红红大嘴、白白眼圈、眯眯眼睛，穿着红白服、大脚鞋的滑稽人物。

西方的小丑，缘起于马戏团里逗观众笑的串场人物，麦当劳的创始人麦当劳兄弟，就以这个造型来迎接所有到店里用餐的客人，那种滑稽的样子，一下子就捕捉到小朋友的心，聪明的麦当劳合伙人，将其塑造成小朋友的偶像，一个永远不变的广告词是：小朋友，别忘了要你们爸妈带你来麦当劳哦！这也是第一个以小朋友为诉求的广告，而这个神话般的商业模式，在小丑效应的推动下，竟然创造了你我共同的记忆——一种可以传承的记忆。

麦当劳卖的是什么？卖的是汉堡吗？麦当劳卖的是"魔法汉堡"，而打造这个"魔法汉堡"的却不是麦当劳的创始人麦当劳兄弟，而是买下他们全部股份的克罗克，一个专长于业务的销售商，一个勇敢又有远见、能洞察先机的营运魔术师，是他让麦当劳卖的汉堡成了"魔法汉堡"。

# 这个真牛

红牛（Red bull），卖的是什么？机能饮料？有氧饮料？……

饮料业，一直就是世界级饮料大厂所控制的行业，无论什么饮料，只要有市场，这些世界级饮料厂绝对要强占山头，更何况所有带动流行、创造流行的饮料，更绝对是世界级饮料大厂主攻的品牌项目，就像可口可乐、百事可乐、宝矿力，等等。就算某些饮料有区域优势、族群喜好、宗教限制等高墙保护的优势，这些世界级饮料厂依然所向无敌。

诞生于20世纪80年代，起源于泰国，在奥地利注册，规模相对极小的红牛饮料厂，是如何做到异军突起，让这些世界级的饮料厂个个灰头土脸，只能望着红牛鞋底扬起的尘土，在后面苦苦追赶呢？

若论公司规模、资金、产品研发、产品定位、广告、国际市调、全球通路等，红牛这只小蚂蚁，只要被这些世界级饮料厂的任

chapter1
洞悉"核心价值"成就非凡事业

何一家轻轻一捏,还不一下子就被掐死了。然而,即使是所有世界级饮料厂联合攻击,红牛也是一"牛"当关,万夫莫敌。红牛不但活得很好,而且还以火箭升空的速度,极快地在几年间就甩开所有的世界级大厂,稳坐机能、有氧等饮料的霸主位置。红牛卖的是什么?是卖机能、有氧饮料这么简单吗?

20世纪70年代的泰国,长途车司机、夜班工人、泰拳选手等,都喝一种叫Krating Daeng的牛磺酸饮料来提神,效果就像中国南方人吃槟榔,美国人嚼烟叶,韩国人补人参。这些都是提神补元气的东西,可是为什么红牛,会卖到打败所有国际饮料的巨人,成为提神饮料的霸王呢?

两只红牛对犄,象征无限能量

这要归功于任职宝碱公司的奥地利人迪特瑞·马契斯,一位具有非凡眼光、能预见未来的经理人。他第一次喝到从泰国买的牛

磺酸饮料,是在一次飞往泰国的出差旅程中。飞行时间超过了20小时,抵达后又必须马不停蹄地即刻上工,只能强迫自己拖着极为疲惫不堪的身体,继续奋进。这时他买了一瓶听说可以提神的牛磺酸饮料,没想到这瓶不起眼、默默无名的牛磺酸饮料,让原本因飞行时差而疲惫不堪的身体,像是被E.T.的发光手指接触了似的,瞬间让时差不见了,疲惫消失了,这是一种多么神奇的饮料啊!也就是这个体验极深的经历,让他见识到喝饮料可以提神,令人像充电似的恢复精力,而他一头跳进了这个神奇的饮料世界。

**泰国的牛磺酸饮料**

迪特瑞·马契斯,迫不及待地找到了牛磺酸饮料公司,告诉他想要将神奇的牛磺酸饮料卖到自己的国家奥地利,并且希望能够在奥地利生产。

## chapter1
### 洞悉"核心价值"成就非凡事业

牛磺酸饮料的老板——泰国籍的许书标,很快就同意这个任职于宝碱公司的奥地利人的想法,除了他的热情及冲劲,重要的是迪特瑞·马契斯对欧洲市场的规划和雄心,以及他想将牛磺酸饮料,推广到欧洲甚至是全世界的梦想。同样具有宏大眼光的许书标,愿意投资51%股份,在奥地利成立生产加碳酸的牛磺酸饮料公司及工厂,并将这个进入到欧洲及国际的牛磺酸饮料改名为红牛,公司名字就叫作Red bull,并设计两只以象征力量、血脉贲张、互相对犄的红色牛来做商标。

迪特瑞·马契斯一开始销售红牛饮料时,也并不是很顺利,只是他一直忘不了这个他喝了以后,瞬间让时差不见、疲惫消失的亲身体验。红牛面对所有的世界级饮料品牌,要怎么来塑造其特殊饮料的灵魂?迪特瑞·马契斯没有充裕的资金,无法采用强势催眠的广告宣传模式;同时因为没有知名度,也无法采用传统强势商品饮料的推广方式销售。

推广红牛饮料,必须创新方式,迪特瑞·马契斯深入探索红牛的核心价值,并从消费者的立场来思考和定位:消费者为什么要喝红牛,而不喝国际品牌的饮料呢?迪特瑞·马契斯要将他的亲身体验分享给消费者,让消费者亲自体验、亲身感受。

于是他开始开着载满红牛罐的卡丁车,到处推销宣传,并让人免费试饮体验,分享他自己喝到牛磺酸饮料的经验。他锁定充满活力的年轻族群为推广目标,不但赞助与年轻人有关的活动,更与年轻族群最爱的夜店等合作营销。很快,红牛饮料就捕获年轻人的市场。红牛饮料不但开辟出一片独特的市场,并且不断在世界级饮料品牌竞争中脱颖而出,攻占年轻人最爱的夜店、派对市场,更以极快的速度席卷欧洲及全世界。

**载着红牛罐装饮料的卡丁车**

迪特瑞·马契斯策划能展现红牛核心价值的宣传方式,从载着红牛罐的卡丁车、区域性宣传的模式,转化到赞助充满年轻活力的派对、夜店、体育运动,尤其是在能展现爆发力、能量、冒险精神、速度与激情等的极限运动项目方面也投入推广。

于是除了赞助高空跳伞、高楼跳伞、穿飞行鼠装飞行、花式滑板、花式单车、滑翔翼、越野摩托车、风筝冲浪等极限运动员之外,还协办、主导、主办各项极限运动,以及培训极限运动员成长,这些都凸显出红牛的核心价值。

## chapter1
### 洞悉"核心价值"成就非凡事业

2012年,奥地利籍的极限运动家费利克斯·鲍姆加特纳(Felix Baumgartner),搭乘氦气热气球,从美国新墨西哥州的罗斯威尔起飞。氦气球升空,到达人类以非动力升空破纪录的39千米高的平流层(同温层),温度跌至零下57摄氏度,然后一跃而下,并以打破人类纪录的1342.8千米/小时超音速,历时九分九秒到达地面。落地前,印着两只红牛对犄图样的饮料降落伞张开,守护着费利克斯·鲍姆加特纳成功落地。全世界看着实时屏幕报道的观众,无不对人类创下这一刻的纪录有所感动。这是红牛饮料赞助极限运动员,所共同创造出来的纪录、感动、喜悦,也是创造红牛灵魂的迪特瑞·马契斯秉持着喝牛磺酸饮料最原始感动、最忠实的亲身经验,成就出红牛饮料独有的、任何国际饮料品牌都无法望其项背的宣传推广模式。这足以让红牛就算在所有国际级饮料厂的联合夹击中,也无所畏惧,并创造出极为辉煌的成绩。红牛卖的是什么?

印有红牛图样的降落伞张开,
守护着费利克斯

费利克斯·鲍姆加特纳破
人类纪录的一刻

红牛卖的不只是饮料,而是真实体验、充沛能量、年轻活力、勇于挑战、狂放不羁、永不放弃……

# 星巴克

星巴克（Starbucks），一个在贫民窟出生长大的小孩所创立的咖啡店，又是如何成为全球咖啡饮品的龙头呢？

星巴克卖的是什么？卖的是咖啡吗？卖咖啡的多得是，比星巴克好喝的咖啡也多得是？可是星巴克为何能成为世界的咖啡第一品牌呢？

你看，一个拿着星巴克咖啡杯的路上行人，是不是很时尚，如同走在时代尖端的时髦城市人。你一看就知道他拿的是星巴克咖啡而不是派大星咖啡，你若不知道他拿的是星巴克咖啡，你一定不是城市人。

老板在沉闷的会议里，请同事去买星巴克咖啡，不但让沉闷的会议顿时有了生机，也让员工对老板的印象大大加分，虽然自己公司就可以煮咖啡，偏要买星巴克，你看星巴克的魅力多大，连去买星巴克咖啡的职员，走路都带风……

这样一个全世界超过两万家店面的咖啡店，是怎么诞生成为城市人的象征呢？

现代化城市的象征——星巴克咖啡

故事发生在20世纪60年代，一个生长在美国纽约布鲁克林贫民窟、犹太人家庭的小孩霍华·萧兹，在他12岁的时候，从一个食品商店，偷了一罐包装精致的罐装高级咖啡，送给打杂受伤、失业后整日喝酒麻醉自己的父亲，作为圣诞节礼物，期待能获得时常责骂自己、责骂母亲和抱怨家里咖啡难喝的父亲些许赞许。可父亲也只是拿着包装精美的咖啡罐问咖啡哪里来的。紧张的霍华·萧兹说是捡到的，只换得了父亲的"摸摸头作为奖励"。这个谎话在第二天，店家到他家讨要这罐咖啡钱时被拆穿了，之后霍华·萧兹更被父亲看不起，责骂得也更频繁了。

从小就必须打零工帮助家计的霍华·萧兹，一直梦想能早点离开这个整日被父亲责骂的贫民窟。天道酬勤，他终于考上大学，还获得北密西根大学奖学金的支持，使他得以离开这个一直被父亲责骂的家，开启属于自己的独立人生。

霍华·萧兹，靠着半工半读及学校的奖学金，完成了他的学业，也顺利找到一份工作。在求学及就业的几年里，霍华·萧兹只与母亲有书信联系，却没有单独跟父亲交流过任何讯息。

　　工作了几年后，从小培养出节俭习惯的他，终于储蓄了一些钱财，有能力给家里买礼物。他特别挑了一个来自巴西的黑咖啡豆，作为专门送给父亲的礼物，可得到的回报却是父亲语带讥讽的表示：离家奋斗了这么久，也只能买得起咖啡豆送给父亲。这也让霍华·萧兹更激励自己，一定要出人头地，让父亲看得起。

　　1982年，他接到母亲通知，说父亲重病，希望能看到他。霍华·萧兹却因为工作繁忙，无法及时返家去看父亲。一周后，当他返回老家纽约布鲁克林时，父亲已经过世了。就在整理父亲遗物的时候，发现自己十二岁那年偷来送给父亲的咖啡罐，已经斑驳的罐身上，有父亲写的"1965年圣诞节"。他这时才惊觉父亲是多么珍惜这个礼物啊！他打开罐子，里面还有一封父亲写给自己的信："亲爱的儿子，我是一个失败的父亲，无法给你们好的生活环境，也无法供你上大学，就如同你说的，我就是个粗人，但是，我也有梦想，我最大的愿望就是拥有一家咖啡屋，亲手为你们研磨、冲泡一杯香浓的咖啡，可是这个愿望无法实现了，我只希望你能拥有这样的幸福……"

　　霍华·萧兹带着深深的思念，及父亲的心愿，看到一个位于西雅图的咖啡店要出让的小广告。这家咖啡店是由英语老师、历史老师及作家三名知识分子合伙，以小说《白鲸记》里，爱喝咖啡的大副Starbucks命名，卖咖啡豆及相关器材。就这样，在霍华·萧兹的接手经营下，诞生了全世界咖啡龙头星巴克。

　　霍华·萧兹，首先规划要卖的咖啡，不是当时一般美国家庭煮

# chapter1
## 洞悉"核心价值"成就非凡事业

早期的星巴克

来当作饮料喝的淡咖啡,而是让每一个咖啡豆都要完全散发出原本的咖啡豆香,让品尝的顾客每喝一口咖啡,都会尝到不同咖啡豆所散发出原本的咖啡豆香的咖啡,就像是把喝咖啡当成享受的意大利式的咖啡。因此他在原有卖咖啡豆的基础上,从原产地就严选了来自全世界各地不同风味的咖啡豆,更严格要求绝不可以添加人工、化学等香料来调制咖啡,并严格拒绝会影响咖啡原味、香气的任何味道和食品,包含员工所擦的香水,也在管制范围之中。要卖这样的咖啡,消费层、消费价格等的制定上,就非常的重要。太贵了,消费不起,便宜了,又无法顾及质量。自小就为每天生活而打拼的霍华·萧兹,当然知道能喝一杯好咖啡,对自己的意义,对自己的价值,对自己的肯定,有多么重要。最终,霍华·萧兹将星巴克卖的咖啡,定义为多数人消费得起的奢侈品。

既然是奢侈品,就一定不是一般咖啡,要有尊贵感,咖啡及喝的人都要被尊重,要被羡慕,一定要让星巴克是高档次、上流人才

星巴克氛围

喝得到,大多数人又消费得起的咖啡。

基于这样的定位,员工要在客人再度消费的时候,能立即称呼客人的名字或姓氏,让客人有被重视的感受。喝咖啡的环境就更要讲究,进来的客人随时享受到轻松的爵士乐、怀旧又能让人放松的流行乐、美国乡村乐、演奏曲等,让背负着工作压力、生活压力、情感压力等种种不同压力的人,都可以在放松的音乐下,得到缓解,甚至唤起某些消失的感动、旧日情怀等。

适合任何族群的星巴克

# chapter1
## 洞悉"核心价值"成就非凡事业

以消费者的角度来规划,星巴克无论是装潢、设备、沙发、桌椅、摆设、光线、温度、空气质量等,都让消费者感到宛如在自家客厅般的轻松。有舒适的坐躺沙发、适当的谈话座椅等,更创造了一种既可正式洽商,又可悠闲休假的空间,更在享受咖啡的同时,也在享受着所处的氛围,享受着休假的放松、也享受着同样来此放松的人群,尤其是在忙碌的城市里,星巴克让紧张、疲惫的灵魂获得了休养生息、补充了能量,所有的不悦也在被尊重的服务里,再次被好心情替换。

愉悦工作的星巴克员工

霍华·萧兹赋予了咖啡、咖啡店无与伦比的核心价值,这个以消费者立场为导向所创造的核心价值,席卷全世界。

星巴克卖的是什么,除了与麦当劳一样,卖全球一致的服务和消费氛围、用餐环境、一种可以传承的记忆之外,星巴克还卖了时髦、品味及城市人的生活方式、对自我的肯定,以及一种优越感……

# 迪士尼

若是有一家公司倒闭了,全世界会有很多人哭,而且不管是男女老幼,还是鳏寡孤独,只要是活着的都会哭,这家公司就是迪士尼Disney公司。

迪士尼怎么做到的?它卖的是什么?影片吗?那为什么发明影片胶片的柯达破产了,没有人会哭泣,而迪士尼破产倒闭,就会有人哭呢?还是有很多人哭的喔!

第二次世界大战时,电影行业极为萧条,贷款给迪士尼的银行联贷团开会讨论,要不要继续支持及贷款给迪士尼。当时的迪士尼已经获得几座奥斯卡金像奖的殊荣,参与开会的银行代表,多数决定中止贷款,这个决定,将导致迪士尼公司结束营业,消失在地球上。这时银行团的主席问代表们,有没有看过迪士尼的卡通影片?在座的都说没有,于是主席说:我们先去看看迪士尼的卡通影片再做决定吧!

于是大伙来到电影院,当时播放的正片都是美军在海外的战争实录，可是在播放正片前，会先播放迪士尼的卡通片。卡通片一开始播放，电影院就不断传来爆炸似的欢笑声，笑声一直持续到卡通片结束，接着播放正片，美军在海外的战争实录，电影院的氛围立即陷入愁云惨雾中……

回到会议室的银行团代表，再次进行表决是否要继续支持并贷款给迪士尼公司，结果是全部无异议通过要继续支持，因为迪士尼生产的不只是影片、卡通，迪士尼生产的更是欢笑、欢乐，给当时陷入战争氛围的美国人欢乐来源，而欢乐、欢笑，也正是全世界需要的元素、人活着最重要的生存动力。

华德·迪士尼，出生在美国芝加哥农场的西班牙裔家庭，后来因父亲病倒，哥哥又离家，被迫离开了农场，搬到了肯萨斯城。这样的童年，深植了他带给全世界欢笑的元素。

华德·迪士尼在农场的童年，因为年纪小，不必像哥哥一样务农，而整日与妹妹在两百公顷的农场上，与饲养的狗、牛、鸡、鸭、猪、兔等在一起玩儿，更有不养自来的鼠、蛇、蚁、蚊、蝇等反派。这些滋养了他对动物生性、习惯等的细腻观察，尤其是聪明还会撒娇、转圈，像人类般有脾气的小猪，更是他创造动画《三只小猪》的原型。华德·迪士尼的绘画天赋，很小就被母亲发现，她买了画册让他临摹，开启了他学习绘画的天地。因为父亲生病，被迫卖了农场，他立即跃进了一个与农场完全不同的城市里，也离开了与妹妹及小动物们玩乐的环境。虽然每天穿梭在大街小巷，做报童送报纸补贴家用，他却开心得像是在城市里冒险的小勇士。这样的童年,深植了他也补充了他观察人、观察人间世界的养分。

在与妹妹一同上初级小学的日子里,他很快就在学校展现了画图的天赋并发现源源不断的画图题材,一位名叫舍伍德的医生,就花钱买了他当时的图画,还特别请他画自己的马——罗伯特。

永葆赤子之心的华德·迪士尼先生获得奥斯卡金像奖

少年、青少年时期就必须半工半读的他,送报纸、卖零食、沿街叫卖,甚至在寒暑假到火车上当小贩,这让华德·迪士尼在学校的学习成绩很差,而只有画图的本事,这个本事让他在中学的校刊里负责漫画。也因为有画图的才能,才让华德·迪士尼可以换到三餐。不顺利的打工经验,让他了解到画图也是生意,就这样与朋友合伙开了公司,可是没多久,公司就倒闭了。这段惨痛经历,却让他接触到各种与图像相关的领域,尤其是加入了肯萨斯城广告公司,学到摄制电影、动画的基本技巧,并负责为当地的电影院制作动画广告,这也开启了华德·迪士尼带给全世界欢乐的卡通世界。

# chapter1
洞悉"核心价值"成就非凡事业

永葆赤子之心，是华德·迪士尼一生奉守的圭臬，因此他对于所有遇到的挫折，都当成是上帝给予的考验。虽然会有抱怨，可是更多的却是感恩，尤其是在自己辛苦创业时期，带着团队打造了一系列取名为幸运兔子奥斯华的动画影片，引起轰动后与环球影业续约时，才发现由环球影业所发行的奥斯华兔子动画影片的版权，不是自己的，而被环球影业买通了并肩作战多年的主要动画师及合作朋友，版权变成环球影业所有。结果，不但版权没有了，甚至整个动画团队也被掠夺走了。华德·迪士尼当然是痛苦万分，尤其是还被多年的朋友、伙伴背叛，可是他并没有选择报复或法律手段，只是默默地离开了这个痛苦、伤心的加州，搭上了返回肯萨斯城的火车。在火车上，脑海中浮现出了童年时一直陪伴自己的小伙伴——老鼠，于是他以那只老鼠为原型，创造了全世界人们喜爱的偶像米老鼠。

　　历经人性背叛的华德·迪士尼，初期在叔叔的车库里创作米奇老鼠，也不顺利，一直到第三部米老鼠的动画片——《汽船威力号》（*Steamboat Willie*），于1928年11月18日在纽约殖民戏院首映，引起了空前轰动，这一天，也就定为米老鼠的生日。《汽船威力号》，是全世界第一部有声动画片，米老鼠成功打开了人们可以享受华德·迪士尼所创造的卡通世界的大门。

　　继米奇老鼠主演的八分钟动画片《汽船威力号》成功之后，华德·迪士尼又陆续推出了全世界第一部彩色卡通片：1932年的《花与树》，以及后来陆续推出的1934年的《三只小猪》、1935年的《彩色米奇老鼠》、1937年的《白雪公主》、1940年的《木偶奇遇记》、1941年受美国政府所托制作的《小飞象》，在第二次世界大战美国参战、大部分片场也被政府征用的状况下，推出了《小鹿斑比》等，并协助拍摄美国在第二次世界大战的宣传片，一直到大战结束。1951年又推出《仙履奇缘》，及而后的《小飞侠彼得潘》《小姐与流氓》《森林王子》《101忠狗》《睡美人》等。

1955年，华德·迪士尼终于完成自己要创造一个带给人们欢乐的迪士尼乐园的梦想，这个梦想，落成在美国加州。全世界人们可以和这些卡通人物——米奇老鼠、三只小猪、唐老鸭、白雪公主、小飞象、小飞侠彼得潘等，一起在迪士尼卡通世界里返回到最纯真的欢乐时光，每一个来到迪士尼乐园的大人、小孩，男生、女生，都只有欢笑、欢乐，欢乐地来，欢乐地玩，欢乐地离开后，还将这里的欢乐分享给周围的人。我们在享受华德·迪士尼给我们欢笑、欢乐的世界时，也要向这个以一生一世、自始至终以欢笑、欢乐为核心价值，贡献给人类的伟人华德·迪士尼致敬，感谢他带我们来到这个欢乐的世界。

假设一下，如果迪士尼公司倒闭，会有很多人哭吧！是很多人哦……因为迪士尼生产的不只是影片、卡通形象，它生产的更是欢笑、欢乐，是世界上所有人欢乐的来源，是人活着最重要的生存动力。

## 美国人发明的棒球

1985年,电影《回到未来》上映后,许多出现在电影中的道具都陆续被发明了,例如平板计算机、悬浮滑板、视讯通话、体感游戏、穿戴装置、自动绑鞋带球鞋、无人飞行器、生物辨识技术等。不得不佩服编剧的预测功力,或者编剧本来就是从2015年回到1985年的穿越者。

有一个预测是出现在1990年放映的《回到未来》的影片中,预测二十五年后的2015年,芝加哥小熊队会获得世界冠军。1990年电影上映时,芝加哥小熊队已经八十二年没有得到过世界冠军了,而在这二十五年当中,芝加哥小熊队还真的不负众望,2015年11月,已经拿到晋级国家联盟冠军赛的门票,全世界都在等待芝加哥小熊队夺冠的预测,拿下2015年世界冠军。何以只是电影的一个预测,会在美国造成如此大的影响呢?这要从美国职业棒球大联盟说起。美国职业棒球大联盟是由美国两个棒球联盟——美国联盟及国家联盟组成的。美国的棒球运动,缘起于英国的板球运动,1839年后由

美国人改变玩法规则，创造了新的运动——美式棒球。这个需要集合众人才能玩的棒球运动，凝聚起了当地人的联系、交流、感情等，于是就开始繁衍深根到每个州、市、乡镇了。

美式棒球，这个经历了美国南北战争、西部大拓荒、经济大恐慌的运动，如何会渗入到美国人的血液里，成为代表美国国球的运动？何以会成为美国人的骄傲与生命呢？

我们从成立于1876年的国家联盟及1901年的美国联盟球队里，就可以看出端倪。国家联盟有波士顿食豆人队、亚特兰大勇士队的前身布鲁克林超霸队、芝加哥孤儿队、辛辛那提红人队、纽约巨人队、费城费城人队、匹兹堡海盗队，美国联盟有巴尔的摩金莺队的前身克里夫兰印地安人队、圣路易红雀队（就是纽约洋基队）、底特律老虎队、密尔瓦基酿酒人队、明尼苏达双城队、波士顿朝圣队（就是后来的红袜队）、芝加哥白袜队（就是后来搬到奥克兰的奥克兰运动家队）、费城运动家队等，由此可以看出美国的棒球是以各个不同城市为基地的球队，每支球队，都是以所在城市的名字，作为队名的开头。

美国的棒球队，从十多岁小朋友组成少年棒球队开始，就是以小区组成的球队为主。小朋友在放学、放假的空档，聚集到小区的棒球场练球，所有的比赛也是以小区对小区进行的，而且不会以类似军事训练的严厉磨炼来提升小球员的技术、默契等，反而以类似参加夏令营的团队运动，让小孩在愉悦中训练，在训练中欢笑，在欢笑中感受失败及成功，这也是从生活中来培养、教育小孩子自

# chapter1
## 洞悉"核心价值"成就非凡事业

**美国职业棒球队的队徽**

由、平等的价值观,尤其是学习合作、独立等能力。所以美国棒球从小开始,就有着以所在的小区、城市为基地的背景,所有的比赛都有着极为强烈的小区、城市对抗色彩,从不断的竞相对抗比赛中,与当地小区、城市的居民合而为一。球队赢球的欢乐,就是小区、城市居民的欢乐,球队输球的悲伤,就是小区、城市居民的悲伤,就算是科技进步到网络电视、互联网等的因特网时代,小区、城市的居民依然与球队保持着如脐带般纯真的血脉感情。就是这样的"核心价值",使美国的棒球成为美国人的国球,是美国人展现在全世界的骄傲,是世代传承给每一个美国小孩的生活及梦想,所有的快乐与忧伤、失败与成功,都与棒球深深联系,美国的棒球是美国人生活的灵魂。

**美国小孩打棒球**

美国棒球运动一开始,就奠定小区、城市比赛的"对抗模式",球队所在城市的居民正是注入球队源源不断的母奶,以这样的"核心价值"建立起来的"商业模式",目的已经不是以经营一个以营利为主的球队了。

球队里表现非凡的球员,不但是城市居民的偶像,更是在关键比赛时,被寄予厚望的灵魂人物。表现差时,观众不约而同地发出哀叹声,表现好时,立刻以热情来回报表现,尤其是赢得世界大赛冠军时,整个城市顿时陷入疯狂庆祝的氛围中,返回的冠军球队、球员,更会以英雄般胜利者的姿态,接受分列在道路两旁的城市居民给予的致敬与感谢。这一刻不仅仅是球队的胜利、荣耀,还是整个城市的胜利与荣耀。

# chapter1
## 洞悉"核心价值"成就非凡事业

这样与城市居民生活融入在一起的"商业模式",不是只有在美国比赛时才会显现出来的,甚至是漂洋、外销到了其他国家,也大都是以这样的模式,结合当地企业后继续发展。只是结合公司、企业、团体的球队,就没有如同与城市血脉相连的球队,有着与城市居民的深厚感情了。球队在更换合作、赞助的企业时,球迷也就只是小小的叹口气,不会引起整个城市居民的不舍。只有国与国在进行比赛对抗时,才会看到全城的激情、全国的激情、全民的激情。

奠基在"美国职业棒球大联盟"与当地居民"血脉相连"的"商业模式",能够屹立不只百年,除了是因为与当地居民的"血脉相连",还因为那些倍受敬仰的杰出球员作为当地居民的偶像,永立于世。

"美国职业棒球大联盟"不但将有贡献和创纪录的球队、球员、教练、球团等,安置进入永远被世人纪念的"名人堂"里,各个球队、球团所发行的球团卡、球员卡、纪念品、球衣、球棒、球鞋、球帽、签名球、合照等,都会成为传家、传世的"宝贝",有的"宝贝"还是价值百万美金的"珍藏品"。珍贵的不只是球员的表现,而是球团、球员等与城市的居民共同谱下的历史、荣耀、感情等。

在分享"美国职业棒球大联盟"的商业模式魅力时,不得不提一支特别的球队,就是纽约洋基队。它诞生于1901年巴尔的摩金莺队后改名迁到纽约,像天神似的横扫美国职业棒球大联盟,不但拿到四十次美国联盟冠军，还包办了美国三分之一世界大赛冠军的赛事，并获得二十七次的世界大赛冠军，队中的名将辈出，贝比鲁斯、卢·贾里格、乔·狄马乔、米奇·曼托等，目前就已经有三十八位球员进入了名人堂。洋基队是球员进入名人堂最多的球队，也是所有守备位置都入选"名人堂"的唯一球队。

洋基队获得美国棒球世界冠军后回到所在城市的游行

这样名利双收的纽约洋基队，让其他球队无不恨得牙痒痒。每次洋基队到客场比赛时，客场的城市居民再忙，也要到球场帮自己城市的球队加油。这造成只要是与洋基队的比赛，票房就会满座，而与其他球队的比赛，票房就差些的情况，也反照出美国人扳倒强者的直率个性。芝加哥小熊队虽然没有拿到世界大赛的冠军，无法兑现"回到未来的预言"，却展现了另一项美国人特质，那就是对勇往直前、永不放弃者的重视与尊敬。

## 刮胡子成了魔术师

要怎么想象这个自有人类以来就存在的麻烦工作啊！男人的胡子比头发还难整理，老祖宗们对付越来越长的头发，自有方法，或在头上盘起来，或结成辫子，或往帽子里一塞，在还没有剪断发丝的工具时，对付头发还算好的。可是胡子呢？这个小恶魔在每次用嘴时，都会造成阻碍。与食物一起进嘴里时，还要将其抿出，吐口水时，还要用手将胡须拨分两边。胡须的清洁几乎无法讲究，残留食物及打结稀松平常，自然别去想那些藏在里面的小生物或是味道了。

东西方对付胡子的办法是一样的，用刀刮。从早期就有石器磨造出来的石刀，到用铁器做的刮胡刀具，在1901年以前，绝大部分人的胡子都是由理发师全权处理。全世界的理发师在剃头、刮胡子前，都会拿着剃头刀，反复在皮带条上来回磨锋利后，再帮客人剃头刮胡子。这个沿用了几千年的方式，在1901年初才有了改变，这个改变就是：人类拥有了第一把可以由自己自行刮胡子的刀。这把刀是金·吉列先生发明的。这位瓶盖公司的业务员，一直想发明一种可以替换刀片的刮胡刀具。

全世界的理发厅都放置黑、白、红旋转图样的筒形招牌

然而金·吉列先生并没有因为发明了可换新刀片的刮胡刀，就立刻成功发达了，反而因为他的发明，让他陷入了人生的噩梦：欠债连连，失败如影相随。就在产品推出十年后，一个念头让金·吉列从绝地中翻身，从谷底里跃起，这个念头比他花了几年所发明的剃胡刀具还要珍贵，还要有价值，要不是这个念头，吉列刮胡刀在1912年前，可能就被埋在坟墓里了。

是什么念头让金·吉列从谷底翻身了呢？这个念头就是适合的商业模式。

金·吉列的刮胡刀很贵，一般人宁愿选择上理发厅，理头发加刮胡子。金·吉列仔细调研市场的反应及自我反省后，做出了当时被当成傻蛋才会想出来的商业模式，就是将刮胡刀（指整个刮胡工具）以低于成本五分之一的价格卖出。这招也确实挽救了销售上的

# chapter1
## 洞悉"核心价值"成就非凡事业

劣势，可是会不会赚钱呢？因为他将刮胡刀的刀片价格，调到成本的五倍，让这个用几次就不锋利而必须丢弃的消耗品，获利达到了五倍之多而赚了大钱。而且因为用吉列刮胡刀每次刮胡子的花费，只有去理发厅刮胡子的五分之一，所以吉列刮胡刀大受欢迎。这让公司屹立百年雄踞到现在，始终居于霸主的位置，而不断地创新，及注意市场的反应及自我反省，一直是这家公司坚守不移并奉为圭臬的核心价值之一。

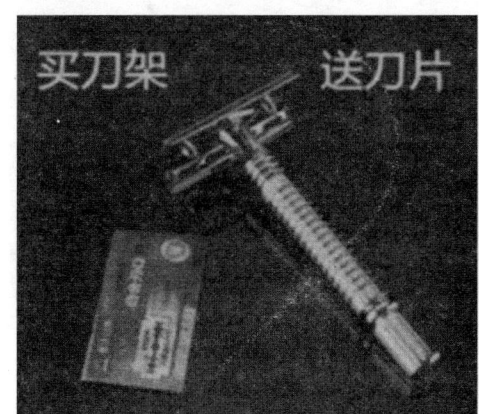
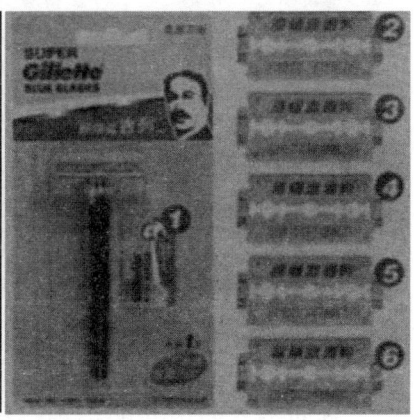

早期卖吉列刮胡刀的包装

秉持着这个信念，在第一次世界大战的时候，金·吉列又让大家跌破眼镜，再一次做了傻蛋才会做的决定。金·吉列以成本价又包送货的方式，将吉列刮胡刀当成军需品，援助给国家，这不但是个亏本生意，还要包送货，让原本很小的送货范围，只为了补给军需品，而无端地扩大了好几倍，真是亏了夫人又折兵。唯一可以安慰的是，吉列公司获得了国家的赞许表扬，也让国家安排给军人理头发刮胡子师傅的征召数量，规模小了些，可是这是生意不是救济啊！股东们真是焦急了。

就在一次世界大战结束以后，吉列牌刮胡刀随着返家军人们的爱用及宣传，不费吹灰之力地扩展到了全美国，更让其他国家的盟友们羡慕渴望地要求从美国邮寄过来，因而奠定了销售全美国及外销全世界的基石。

**美国军人在战地刮胡子**

这两个商业模式的出现，以现在来看，也算是很了不起的。这在当时，可是要有相当的勇气及担当，尤其是以军需品援助给国家的决策，愿为国家抛私利的无怨付出，更可以彰显出金·吉列先生的人格特质。而后，也许是因为在这个特质及精神之下，另一位刮胡刀巨擘，贾可伯于1921年发明了安全换刀片的舒适牌刮胡刀兴起后，两家展开了极为精彩又彼此学习创造、精益求精的近百年竞争。

贾可伯先生在军队服役时，有感于更换吉列牌刮胡刀刀片的时

# chapter1
## 洞悉"核心价值"成就非凡事业

候,手指很容易让刀片划伤,于是就仿效当时打仗用的往复式来复枪结构,利用拉上弹柄就自动退弹、装弹的原理,设计出可手按式自动装填刀片的刮胡刀。这种刮胡刀无须接触到刀片,就可以将旧刀片退出,自动装上新刀片。这个发明当然影响到了吉列牌刮胡刀的市场,可是旋继而来的美国大萧条,却让这个影响毫无作用,接踵而来的第二次世界大战,更让之前的爱国吉列牌刮胡刀再次被美军带上了战场作战。吉列牌刮胡刀因此站稳刮胡刀龙头的宝座,其地位是默默无名的自动退刀式安全刮胡刀无法威胁的,这情况一直到1946年,贾可伯的舒适牌刮胡刀成立公司后才改观。

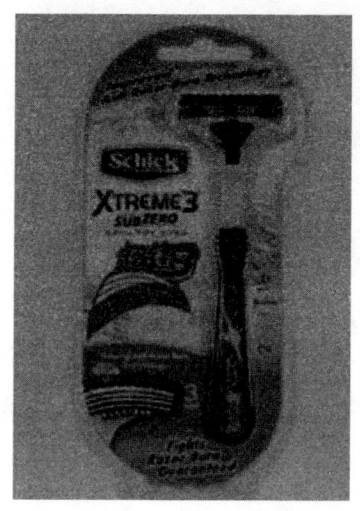 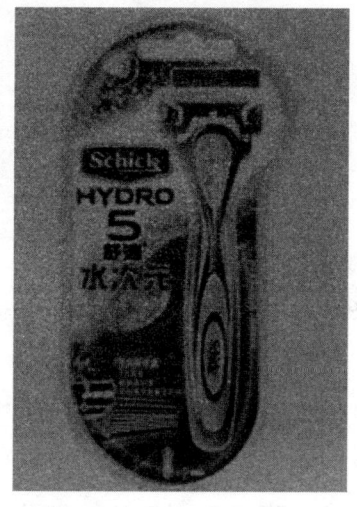

**新式的刮胡刀包装**

标榜安全的舒适牌刮胡刀成立公司后,美国经济复苏,资本家又看到吉列牌刮胡刀,从几乎破产到富可敌国的大发利市,自然不会放弃这个与其争锋的机会。有了来自各方的大力挹注,舒适牌安全刮胡刀很快就占有一定的市场，也展开了极为精彩的、全方位的竞争对抗。恨不得将对手驱离市场而各领风骚的手段，写下了以技术、创新、包装、广告、科技化、数据化、人性化思考等，超过半世纪的巅峰对决历史。

**新式刮胡刀**

仅仅是刮胡刀这样的小东西，就在这双雄对决中充分发挥了可敬可贵的传世精神，不但崭露了对对手产品的尊重，更极为专注于自我产品的研发、创新，好像没有对手的创新产品，就会让自己裹足不前，松懈倦怠似的。1960年起，几乎每年都可以看到双方所推出的创新产品。只要对手出新商品，即刻就会以更创新产品对抗。尤其是经由大量广告的传播，这两家公司的毅力、专注、创新、不屈不挠的表现，在全世界展现得淋漓尽致。

# chapter1
## 洞悉"核心价值"成就非凡事业

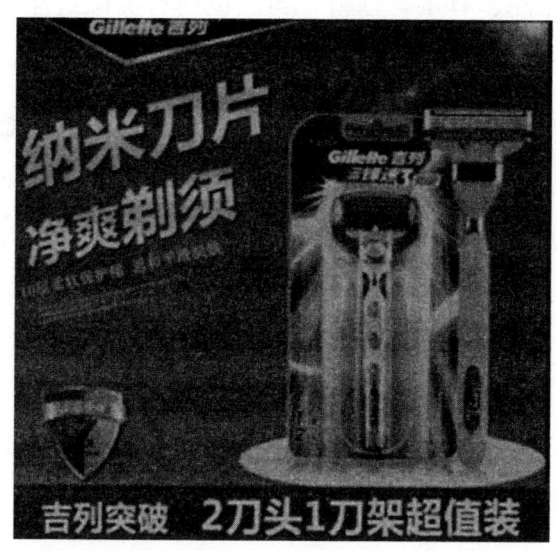

**高科技的刮胡刀**

你有滚刀头,可以随着男人脸部弧度刮胡子,让刮胡子更舒适;我有双刀头,一刀去胡须,二刀去胡根;双刀头没什么,旋风三刀头,一去胡须、二拉胡根、三刮更深的胡根,这个更厉害吧!还不只这些,接着又出了四刀头、五刀头的刮胡刀,还有为握柄、手握感觉、握柄材料、刀头材料、刀头弧度、去胡渣技术、流线型、人体工学、材料质感等的创新,而刀片材质的研发,例如减少刮伤的各种金属刀材、电镀材料、钛金属、碳薄膜、各种涂层等,不但已经成熟,而且是不输给晶圆制作、航天科技等的最新技术。

这几十年来,我们看到这两家公司卖的不只是刮胡刀这个小东西,更是因对手的可敬与强大,而以正面的态度来迎击,并对自己产品的更加专注、尊重与创新。当然也还有类似这样的公司，像是制作牙刷的宝碱、欧乐，国际运动用品品牌的耐克、阿迪达斯等，它们之间的对决也是很精彩的，我们一样予以最高敬意与祝福，期待更多的产品可以如吉列牌、舒适牌刮胡刀一样，对产品及消费的我们更加的专注与尊重。

## 墨西哥上帝

有一种啤酒,让全世界的啤酒都傻眼了,不但卖得贵些,还一定要帮客人先开好瓶盖,再插入用手工切的柠檬角,没加这个味,客人就不喝了。这就是诞生在墨西哥,全世界独一无二的科罗娜啤酒。奇怪了,为什么喝科罗娜啤酒就一定要加柠檬角呢?真的好喝些吗?为何其他啤酒加了就感觉怪怪的呢?

科罗娜

科罗娜加柠檬的宣传海报

**所有国际品牌的啤酒公司，都在想办法要取代科罗娜啤酒在酒**吧、夜店独一无二的位置，米乐、海尼根、嘉仕伯、百威、生力、贝克、朝日等，都极为用心地做了大量广告，可是有动摇到科罗娜啤酒独一无二的位置吗？答案是——没有。

为什么只有科罗娜啤酒会让酒保如此对待，答案当然是全球消费者饮用科罗娜啤酒的习惯，酒保不插入柠檬角，消费者就离开了，这家酒吧也会被淘汰。乖乖！一个科罗娜啤酒加柠檬片这么厉害！还会让酒吧倒闭！加柠檬角不但不是酒吧给的福利，还是得由经营酒吧的老板自己掏本钱买柠檬，再加工切成角片给消费者的必须规格，这个墨西哥的科罗娜啤酒，也太牛了吧！它是怎么做到的呢？

墨西哥龙舌兰酒

科罗娜啤酒加柠檬

这一切都是由龙舌兰酒引起的，还是墨西哥原产的龙舌兰酒所引起的。所有酒吧都知道，喝墨西哥龙舌兰酒一定要配盐巴和柠檬角，而放盐巴的位置，早就被有创意的酒客从手背的虎口位置，换

**chapter1**
洞悉"核心价值"成就非凡事业

洋溢着拉美风情的拉丁舞（采用自中舞网）

到了美女的粉颈上，无论怎么换位置，舔完盐巴后，都要用力地举杯喝光整杯龙舌兰酒，然后豪迈地将柠檬角送到牙齿里嚼咬，再用力地甩甩头，表示这个龙舌兰酒够烈，自己也够厉害，这时刚刚放置柠檬角的科罗娜啤酒，也会被拿起整瓶对嘴喝。满口还留着柠檬香的味蕾，碰到整瓶对嘴的科罗娜，竟然对味极了，就这样从美墨边界蔓延到美国，原本是喝龙舌兰酒而放置在科罗娜啤酒瓶口的柠檬角，竟然成就了举世无双的喝科罗娜啤酒的绝配灵魂。

而喝墨西哥龙舌兰酒，一定要配盐巴加柠檬角，是源自于墨西哥人原本就喜欢在食物里添加柠檬以增加食物的特有风味，不但充满了拉美风情的独有文化，更将拉丁民族天然的热情、浪漫、豪爽等特性展露无遗。尤其更独特的在啤酒里添加柠檬、辣椒水、西红柿酱等多样酱料的米切拉达啤酒鸡尾酒，更是展现出多元融合的拉美风情于一体，浓烈酸辣的口感，让第一次尝到的人永远也无法忘怀这个滋味，就如同沉浸在热情洋溢的拉丁舞中的淋漓畅快。打造科罗娜啤酒的莫德罗集团，也不可能忽视这个蕴含着墨西哥式浓情，特别设计以透明玻璃的苗条瓶身，将如阳光般的金黄色酒液原色呈现，加上柠檬角和科罗娜，柠檬角插在金黄色酒瓶瓶口的姿态，柠檬角浸在金黄色酒液里冒出的气泡，不但有着傲视群酒的气质，更散发出在海滩度假的氛围。

**科罗娜的海岛风情海报**

　　莫德罗集团精确掌握这个来自墨西哥上帝之手所展现神迹的核心价值，极致展现出热情洋溢的拉美风情，又以极为对味的科罗娜啤酒加柠檬角横空出世的绝妙饮用法，来打造商业模式。他们先以经销商订购科罗娜啤酒就配送冰块的策略，让每一个喝科罗娜啤酒的消费者，都享受到科罗娜啤酒加柠檬角的冰镇滋味，没多久科罗娜啤酒就横扫干燥又缺少冰块的墨西哥，之后更洞悉来墨西哥度假完的美国旅客，都会带些科罗娜啤酒回国让朋友分享海滩度假的风情。终于一扫前几次在美国的推广失败，很快，美国酒吧、夜店再次重温科罗娜加柠檬角这个海滩度假的滋味，更强化以海滩度假滋味为主题，配合全世界大量广告的宣传，果然所向披靡地攻占全世界酒吧、夜店，只要点科罗娜啤酒，酒保就自动插入柠檬角，这可是全世界酒吧、夜店必须遵循的法则，厉害不！

# 经济学家的诺贝尔和平奖

2006年的诺贝尔奖竞争非常激烈,被推荐角逐的有促成印度尼西亚亚齐地区停火的芬兰前总统马尔蒂·阿赫蒂萨里、印度尼西亚总统苏西洛·班邦·尤多约诺,以及澳大利亚和平运动领导人艾文思等191人,个个都是为解决种族间的纷争、化解群族的战争或对

媒体访问穆罕默德·尤努斯

区域和平有重大贡献的人物。可是这一年的诺贝尔和平奖，却颁发给一个完全没从事与和平有关工作的经济学家。他未曾签署任何与和平有关的协议，未推动任何免于战火威胁的行动，未曾为种族间的纷争贡献过丝毫时间，不曾为避免战争投入心力。怎么会这样？颁发诺贝尔和平奖的诺贝尔委员会疯了吗？

出生于孟加拉国的穆罕默德·尤努斯，从小就过得比一般小朋友优渥。从事珠宝生意的家里，提供他无忧无虑的求学环境，他也顺利从大学毕业，并获得他从小就许下志愿的教师工作。他在教学生涯的五年里，还创办了雇用超过百人的印刷包装工厂，成功的事业也带给他更为优渥的生活。可以说是梦想实现、事业有成。

或许是又有新的梦想要去追求吧！1976年穆罕默德·尤努斯获得奖学金，来到美国范德比尔特大学继续求学，获得了经济学的博士学位，并于1971年孟加拉国独立建国后，带着他的美籍俄裔妻子，回到孟加拉国吉大港大学担任经济系主任的职位。

社会地位高又备受敬重的经济系主任工作，不但让穆罕默德·尤努斯能够一展所学，可以好好地将所学的专长贡献给他的国家，传授给80%都在贫穷线以下的孟加拉同胞。

1974年孟加拉国发生严重的饥荒，穷困又没有东西可以吃的人民被迫流浪，很快就蔓延到了城市里的火车站、汽车站、街头、走廊下，束手无策的政府只能清理饿死的人，以避免更大的瘟疫出现，这次大饥荒夺走了超过150万孟加拉国人民的性命。

这件事情深深打击了穆罕默德·尤努斯，自责的他痛恨自己，整天只能在教室里说些理论、画大饼让大家充饥，对国家的大饥荒丝毫没有帮助。"当同胞饿死在教室前面走廊的时候，我那些优雅的经济理论又有什么用呢？我痛恨自己，傲慢自大地认为自己无所不知，可以找到解决问题的办法，我们大学里的教授，每个都聪明过人，却对我们周遭的贫穷一无所知。为什么整日工作十二小时，每星期工作七天的人，都无法获得足够的食物呢？"这是穆罕默德·尤努斯决定要丢掉书本走向穷人的想法，他把这些贫穷人当成他的老师，开始对他们及其生活中的问题进行研究。

1975年，穆罕默德·尤努斯带领学生，进入乡村调查研究农业问题。可是发现问题容易，什么才是解决问题的方法呢？他向那些农民推广改革稻米种植技术，并在干旱的季节里以合作方式修建水利设施，可是他很快地就认知到，这些并不能帮助到真正穷困的人，那些最底层的阶级连像样的房子都没有。

有一天，穆罕默德·尤努斯访问到一个正在贩卖自己编制的竹椅的妇人："辛苦工作了一天，可以赚多少钱？"那位妇人说："2美分（约人民币1.2元）。"穆罕默德·尤努斯惊讶地表示："制作贩卖这么精美的竹椅，怎么一天只能赚2美分？"妇人解释说，由于没有购买制作竹椅材料的钱，她只能去向收购竹椅的商人借钱，并且同意将制作好的竹椅以这个商人订的收购价格，转让给这个商人。穆罕默德·尤努斯好奇地问，向商人借多少钱买材料，妇人说25美分。穆罕默德·尤努斯感到简直匪夷所思，只借25美分，却要被商人完全剥削到成为代工的工奴，这个妇人要怎么翻身脱离穷困的噩梦！难道没有任何人可以协助他们吗？他找出了42位与这个妇女一样命运的村民，并集合他们资金需求的总金额27美元，只要27美元，就可以让42个自立自强、勤奋认真的劳作者成为工奴，这个血淋淋的现实状况，让穆罕默德·尤努斯从匪夷所思中获得启示：造成穷困的根源，并不是由于懒惰或是智能不足，而是结构性的问题；缺少资本，再加上放贷者的高利盘剥，让穷人无论怎么勤奋地工作，也无法存到可以自己投资而不用借贷的钱，再怎么勤奋努力地工作，也无法越过自给自足的生存门槛，脱离穷困。

穆罕默德·尤努斯从口袋里拿出了27元美金分给这42个村民，也就在这一刻，他展开了人类史上从来没有的事业——一个专门帮助穷人脱离穷困的事业。

穆罕默德·尤努斯立刻去找了一些银行家，让他们提供可以免担保的贷款，给这些勤奋却穷困的劳作者，可是得到的答复是不可能，因为这些穷困的人根本不可信任，更没有任何信用可言。穆罕默德·尤努斯问："您没有试过，怎么知道他们没有信用呢？"也因为这些银行家的主观看法，这个不用担保而获得贷款的建议，被彻底否决了。无奈的穆罕默德·尤努斯只能先由自己担任担保人，来协助穷困人取得小额贷款。而这个以试验性质为主的免担保小额贷款的试办，却成功地改变了五百位穷困人的生活，穆罕默德·尤努斯又开始不断地游说孟加拉中央银行及商业银行采纳他的实验建议。在1979年，孟加拉中央银行终于同意展开这项试验，并取名为格来明乡村银行贷款业务。

著作发布会 媒体访问穆罕默德·尤努斯

一开始是由中央银行的七个分行，在一个省进行试验，1981年就扩展到了五个省，而每一次的扩展，都证明了这个格来明乡村银行的免担保获得小额贷款项目的成功及正面的效益。到了1983年，格来明乡村银行的87家分行，成功地让5.9万名贷款户摆脱了穷困，而穆罕默德·尤努斯，也辞去了他的学术工作，全身心投入到这项人类史上从来没有的创举——一个专门帮助穷人脱离穷困的事业。如今这个人类史上第一个属于穷人的机构——格来明乡村银行，引来全世界60多个国家效法，帮助好几千万以上的家庭脱离穷困。

格来明乡村银行不但有超过98%的还款率，让所有的商业银行羡慕不已，更有超过95%以上的贷款人是妇女，也证明了妇女在金钱的运用上，要比男人更有责任及效率。

2006年瑞典皇家科学院的评审委员，将诺贝尔和平奖破天荒地颁给一位经济学家，不是表彰他在经济上的实践运用，而是

格来明银行首创的银行下乡服务

表扬他在社会最底层所做的推动经济和社会发展的努力,也就是为改善贫困线以下的穷人脱离穷困的机制。诚如诺贝尔颁奖词所说:和平得以延续,全赖多数人能脱离贫困,小额的信用贷款,就是达成上诉目标的工具之一,而社会底层能脱离贫困,也有助于深化民主与人权,尤努斯与乡村银行证明了,就算是赤贫也能改变自己的人生。

穆罕默德·尤努斯何以能创建出人类史上从来没有的事业,专门帮助穷人脱离穷困,不但获得全球超过60个国家的跟进,更因此而获得诺贝尔奖呢?

1974年孟加拉国150万人民死亡的大饥荒,不但让他痛恨自己所学无法解决饥饿,经过反省的他,更实际下乡,进入贫穷的根源地,察觉造成穷困的根源并不是懒惰或是智慧不足,而是结构性的问题,尤其是缺少资本。吸血的利息,让贫穷人无论再怎么勤奋努力工作,也无法越过自给自足的生存门槛,脱离穷困。要解决这个问题，必须要有一个根本的解决方式、一个前所未有的免担保就取得贷款的管道，才能让这些勤奋工作的贫穷人获得资金。而他创办的免担保贷款试验，让五百名贫穷的贷款者，成功地改善生活，让他确立这项无担保小额贷款的可行性及可贵的价值，让他洞察了这个无担保小额贷款可以帮助穷人脱离穷困的核心价值。

确立了无担保小额贷款的核心价值，构建适当的商业模式，才是让这个帮助穷人脱离穷困事业、得以成功的关键。他用成功的无担保小额贷款试验模型，去说服孟加拉中央银行也展开无担保小额贷款的省区试验，他深知这个事业只有在国家银行的体制下进行，才更能让贫穷线以下的人民获得认同。

让穷人认同还不够，还要让贫穷人愿意来贷款，贷了款还确信自己可以还得起，确信自己可以因此脱离贫穷。这个帮助穷人脱离穷困的事业要怎么进行呢？

洞悉了无担保的小额贷款，可以帮助穷人脱离穷困的核心价值，穆罕默德·尤努斯创建了与以往银行营运模式完全背道而驰的商业模式，一般银行设在城市，格来明乡村银行设在乡下，而更能贴近需要借贷的穷人。一般银行几乎全部是借款给男性，格来明乡村银行就是主动借给社会地位低下的妇女，颠覆了以往以男人为主的社会认同及结构，也打破银行职员不是在银行内承办贷款业务，而是主动下乡解说及协助申办小额信贷的工作。因为贷款客户多是文盲，所以也不用签贷款合约，更解决了文盲的穷人惧怕到银行，或是被歧视的状况，不但获得穷人的欢迎及拥戴，更让这项贷款业务获得极大的成功。另外,他发明创设由五至七名贷款人所组成的团结小组,让贷款人获得坚实的团体力量,一方面能相互砥砺打气,遇到问题又能共商解决,对贫穷的自己能够脱离贫穷也更具信心。以周还款的机制,更让贫穷的贷款者,能够在规律的劳动中,没有压力地逐步偿还贷款,进而积累到创业的资本,脱离贫穷。更因此达到超过了98%的还款率,还破天荒地让所有借贷客户拥有格来明乡村银行的股份,让格来明乡村银行名副其实的成为穷人的银行,这个商业模式不但让全世界所有的金融机构都跌破眼镜,更让他们起而取经效法。

**格来明银行的下乡服务**

穆罕默德·尤努斯创建的格来明乡村银行,获得前所未有的成功,帮助了几百万在贫穷线以下还几乎全部是文盲的客户脱离贫穷,又为了让客户能永远地脱离穷困,他创建了格来明孩子学校,

# chapter1
## 洞悉"核心价值"成就非凡事业

协助乡村银行的客户的小孩都上学受教育,让这个祖上几代都是文盲的家庭也能够出科学家、工程师、教师、公务员等。他还创办了非营利的电信公司,不但让客户可以用极低廉的费用来使用各种通讯服务,更让许多格来明乡村银行的客户,来经营这个成本低廉的电信服务事业,而造就了更多客户成功创业。2003年更是前所未有的创办协助乞丐脱离乞讨的奋斗成员计划,让数十万计的乞丐能够脱离乞讨生活。

**格来明乡村银行的网站**

以上种种,都是以帮助穷人脱离穷困的核心价值来构建的商业模式,而正是这个不是以获利为核心价值的商业模式,才能够实现让百万、千万的家庭,脱离贫穷的成绩,造就出人类历史上前所未有的非凡事业,才能获得诺贝尔基金会颁给诺贝尔和平奖的殊荣。

## 非凡的核心价值及商业模式

赋予格来明乡村银行、科罗娜啤酒、吉列牌刮胡刀、舒适牌刮胡刀、美国人发明的棒球、红牛饮料,麦当劳、星巴克、迪士尼等独有特性的非凡价值,绝对不是以获得公司利益的想法来规划就可以达到的。有多少不可一世的产品、企业等,都在昙花一现后凋零了。能够屹立不倒的产品、企业等,一定有其特别的地方,绝对不是仅仅当成获利商品来销售。深入洞悉商品的核心价值,并以其独有的核心价值创造出适当的商业模式,让这个商品得以发挥出独有特性,才能创造出超越商品的价值。就像利瓦伊·史特劳斯,在1850年左右,顺应了时势的需求,以原本用来制作帐篷的帆布,来制作耐磨、耐脏、耐洗,专门给淘金工人穿的帆布工作裤。

他精确地掌握帆布耐磨、耐脏、耐洗的特性,跳脱帆布只能做帐篷的认定,洞悉了帆布做成工作裤的核心价值,不但大受工人族群的欢迎,更为了要改进穿着帆布料工作裤的僵硬不舒适,而更深入钻研出穿着舒适且亦如帆布般耐用、耐磨的斜纹棉布料来取代帆

chapter1
洞悉"核心价值"成就非凡事业

早期美国西部拓荒的帆布篷车

布。更为了解决工作裤的口袋缝线易破的问题，而增加了口袋打铆钉的制作工序，这种种细心钻研的投入及制作，不但更精确地掌握帆布做成了工作裤的核心价值，并且申请了专利。更巧妙地以其独有的专利——口袋打铆钉工作裤，来建构经销商业模式，而成就了利瓦伊·史特劳斯的工作裤王国。这个口袋打铆钉的工作裤，几乎是所有现代的地球人都会想要拥有一条的Live's牛仔裤，而Live's牛仔裤，自1885年发明至今，也一直是全球牛仔裤的霸主。由他发明创造出的世界第一个牛仔裤型号的原创501Live's牛仔裤，更是可以永久珍藏的代表。

这也说明了洞察商品的核心价值，并精确规划制作，就如同艺术家创作的传世作品，还会因岁月的洗练而更加的弥足珍贵，就像那些坚韧不拔的艺术大师所打造的艺术之都巴黎、佛罗伦萨、罗

马等,一直会是全世界艺术家、创作者等来朝拜的圣地。而一个有灵魂的商品,不但是消费者喜悦的源泉,更是最好的治疗师。

如何让商品有灵魂,深入挖掘商品的核心价值,探索出此商品的特性、升级方向、各种影响性、可能有的发展、非营利性的特质、与现在趋势的互动性、与新技术的交合性、以消费者来思考的接受性等,并策画出适当的商业模式。尤其适当的商业模式往往才是赢得市场的关键,一项极棒的技术发明,没有好的商业模式,也只能像前浪一样躺在沙滩上,或是委身在代工的层级。一个好的商业模式,就算自己本身没有独有的技术发明,也可能领袖群伦,就像微软,比尔·盖茨的Windows,苹果乔布斯的iPad、iPhone、iOS,谷歌的Android操作系统、麦当劳、星巴克、世界童子军、美国国家地理频道、中国的妈祖、中国台湾的行天宫和慈济、瑞典的诺贝尔等。而在高科技产业、体育用品产业、国际名牌里,更常常看到独特技术让品牌更壮大的实例,发明技术或设计创新的人和团体,却依然只有在后勤的团队里,跟着老板的发达而升天。

# chapter 2
## 世纪争霸的"商业布局"

# 比尔·盖茨如何成为世界首富

谁是跨越20、21世纪的世界首富？每个人都知道是比尔·盖茨，何以是比尔·盖茨呢？这当然要归功于他的软件Windows系统。窗口是怎么发展起来的呢？怎么会成为世界的霸主？

或许，这一切还与来自台湾的黄世明、黄世英两兄弟有关系。

比尔·盖茨还是哈佛学生的时候，一个由王丽珍（Li-Chen Wang）博士编写，后来被用于Altair 8800第一个八位元的个人计算

Altair 8800 的计算机

# chapter2
## 世纪争霸的"商业布局"

机的Basic原始码公开发表在杂志上。Altair 8800是全世界第一台销售成功的个人计算机,是易学易用的计算机程序设计语言,就是后来Basic语言的基础,也就是后来的MS-DOS操作系统的原型基础。

1970年起,计算机巨人IBM国际商业机械设备公司跨入个人计算机时就是采用MS-DOS操作系统。不多久,这个有着太多由数字开发公司开发的个人计算机操作系统CP/M(影子的操作系统)就被广泛地安装在所有的个人计算机上,这在当时是再理所当然不过的事情。

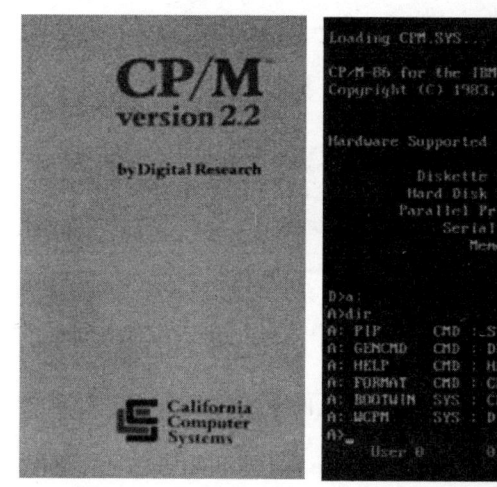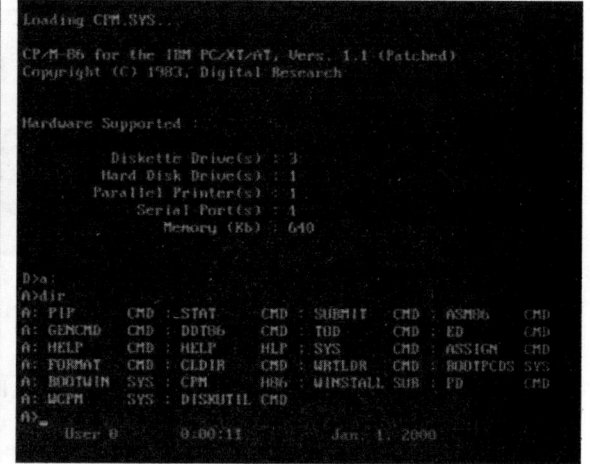

**数字开发公司开发的计算机操作系统 CP/M**

当时IBM是计算机界的巨擘,所有的规范都是以IBM制定的为准,尤其是硬件规格的制定,IBM电脑怎么定,全世界就怎么跟随,软件根本不值钱。软件设计师就像创造歌曲一样,写一首歌,收一次钱,写一个程序,只能收一次钱,当时几乎没人使用软件,就是想要找到写软件的人来付费买软件，也不见得能找不到。IBM计算机用了什么软件，大家就用什么软件，一点疑虑争议也不会有。就这样，全世界的计算机自然也就安装了由IBM计算机等公司花钱设计或是付费买来的软件，其中当然包含MS-DOS作业系统。

**早期的 IBM 个人计算机**

20世纪70年代，台湾的黄世明、黄世英两兄弟在台湾的高雄生产全世界占有五成以上的电动游戏机Arcade Game的主板，产品有"敲砖块""吃豆人""迷魂车"等。因为生产游戏主板，需要大量的程序员、工程师，黄氏兄弟只好向学校租借教室来考试。

应试者都来自全台湾各地电子科系的毕业生，几百人的电子厂从改硬件、改线路、重新布线、采备零件到上线生产等，不但为台湾赚取了大量的外汇，更为台湾的电子业奠定了扎实的基础。几乎

# chapter2
## 世纪争霸的"商业布局"

现在台湾电子业的高阶主管,大都是直接或间接有电动游戏机的工作经历,而影响更大的是,或许因为黄氏兄弟的缘故,也间接造就了比尔·盖茨,造就了微软,这可能是连比尔·盖茨本人都不知道的机缘。

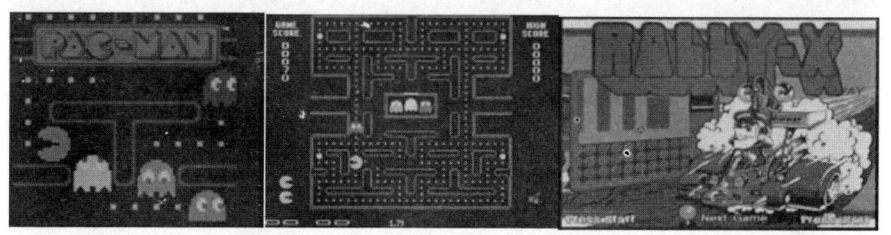

Pacman 吃豆人画面　　　　　　　　Relly-X 迷魂车画面

当时的主板硬件是有专利的,所以黄氏兄弟就将有专利的电动游戏机的主板硬件,重新设计规划。软件呢?因为没有专利,就如同全世界所有的计算机公司做法,直接安装花钱买来的既有软件就好。这种状况被当时的游戏软件巨人雅达利、贝利等公司告上美国法院。

如小蚂蚁般的黄氏兄弟,怎么可能抵抗得了这些如大巨象的全球电动游戏机公司提告,更何况还是在大巨象的地盘上,黄氏兄弟理所当然地输了官司,也就关闭了工厂,而此案例也列入美国的法典中,全世界也正式宣告,软件复制有专利的时代来临了。或许比尔·盖茨的律师,就是引用了这个案例,扳倒了当时的计算机巨人IBM,迫使IBM庭外和解,相对等于是告赢了的IBM复制软件侵权官司,终结了计算机以硬件领导的时代,之后的计算机,就是软件来领导的新时代。

《美国统一商法典》

或许黄氏兄弟的官司晚几年的话，有着CM/P影子的MS-DOS操作系统的比尔·盖茨，要赢得IBM庭外和解的机会是极为渺茫的。

比尔·盖茨赢了官司，就是真实版的小蚂蚁扳倒大象的奇迹，自然声名大振，接踵而来的际遇，更是让他一步登天。

他与苹果计算机的乔布斯，对当时美国的全录（XEROX）公司研发的图形用户界面（GUI）技术，产生了极大兴趣，于是乔布斯发展出了苹果计算机独有的苹果操作系统，而刚成立新公司微软的比尔·盖茨，几经修改，也完成了取名叫视窗Windows的操作系统。乔布斯带领研发的图形接口苹果作业系统，可以安装在他自己生产的苹果计算机上，以自己原本就有的推广渠道销售。

那微软的视窗呢？要如何才能让大家安装呢？安装与否，还要消费者说了算，当时的软件，复制极为普遍，多数的消费者根本

## chapter2
### 世纪争霸的"商业布局"

不会花钱买软件的,更何况谁也不了解视窗软件是个什么样的软件,这时,台湾厂商又扮演了让比尔·盖茨成为世界首富的大推手。

比尔·盖茨将触角伸到了当时执世界计算机尤其个人计算机出货量牛耳的台湾,他挟着告赢IBM计算机的声势,让台湾出产的个人计算机,全部先安装好他的视窗软件再出货,支付此视窗软件的费用,完全由台湾生产、出货的厂商付费买单,不再向消费者收取。或许是因为他告赢的关系,台湾厂商只能照办,一夕间,视窗软件,是全世界个人计算机最普遍的软件,也由于它革命式的用户界面操作系统,让使用个人计算机的人数暴增,台湾厂商日夜加班生

美国的全录(中国大陆为施乐)公司

最早期的美国窗口 Windows 软件

产，自然也分得了暴增利益中的一小部分代工费，视窗软件只要由台湾厂商复制、安装在个人计算机上就出货的大暴利，让比尔·盖茨只需在家睡觉，就成了世界首富。

红帽 RedHat 操作系统

咦！不是还有一个开放源代码，还免费的红帽Red hat作业系统吗？怎么连免费也败下阵来呢？

这也说明了商业营运模式，还不一定免费就是王道。

## 苹果卖的是MP3吗?

苹果的创办人乔布斯，怎么会卖全球泛滥、价格低廉的MP3呢？为此，不但将亲生子麦金塔计算机打入冷宫，还请国际顶尖的设计大师，为苹果的MP3量身特制新衣，另取了个新名字iPod。看似单纯的业务，其实有着与以往完全不同的商业逻辑及布局，以往卖麦金塔计算机，卖出一台，就只能赚一台计算机的利润，延续产生的利益非常少，像是开出租车，今天不开车，就没有收入了，推出iPod却不一样。iPod是下载iTunes的工具，已经经过皮克斯公司历练的乔布斯，与尚未跃出苹果公司鱼潭历练的他，完全不同了。

完全不同的行业、领域，更有着完全不同的逻辑、商业思考，一个以动漫、影音创作、著作权等，

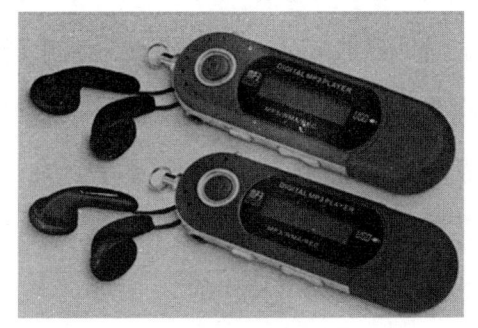

早期的 MP3

来延续商业利益的动漫影音制作业,与设计、组装、整合电子零件成为商品的电子、计算机产业截然不同。跃出苹果这个鱼潭,敏锐的乔布斯,也许正因此嗅到了无比非凡的商业机会,尤其是一问世就全球泛滥的MP3,正是引领全球流行、消费主流竞相追逐的爆炸商品。消费者要的是什么?

设计一个与低价MP3有所区别的贵族MP3,正是流行的中间市场所欠缺的。

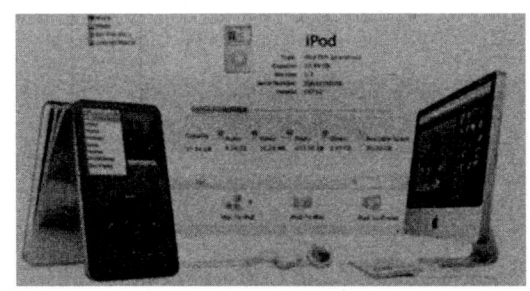

**苹果设计的 iPod 及音乐下载平台 iTunes**

iPod一问世就成为引领全球流行、消费主流族群的共主,再加上解决了搜寻不便、非法下载音乐等的苦恼,更奠定了iPod继苹果麦金塔计算机之后,再一次被主流市场拥抱的地位。这也令以往以买卖为主的商业模式,跨入到使用者付费的摇钱树商业模式,消费者用iPod下载付费音乐,苹果就有了收入,苹果种了iTunes的果树,消费者用iPod摘果子,苹果24小时的银行户头,秒进斗金,这棵摇钱树,是无可替代的。

## 人性设计还不够

移动电话的两大巨擘，诺基亚与摩托罗拉，怎么会双双退出市场？这是大家都想不到的。尤其是喊出"科技始终来自人性"的诺基亚，更是惨到几乎连品牌都退出市场了。

一个MP3有什么了不起的，不过是能装载很多音乐的播放器而已，我们在移动电话里面加入这个功能，不就解决了吗？要使用MP3，消费者还需要多带一个播放器的装置，多不方便啊！奉"科技始终来自人性"为圭臬的诺基亚，不知道会不会这样想？

可是，全心全力打造iPod的乔布斯，会没有想到吗？

乔布斯若只是一般的领导者，也不会让坐在星巴克喝咖啡的苹果族，有着与众不同的气质吧！

你看，只要是在星巴克的咖啡桌上放着Apple笔记本电脑的人，是不是会让人觉得有气质些，会有多看一眼的尊贵感，一样是笔记本电脑，无论你桌上放的是发明笔记本电脑的东芝笔记本电脑，还是纯美国血统，诞生于1939年的惠普笔记本电脑，都不会让人多看一眼。

可是如果放的是苹果笔记本电脑,偏偏就是会让人多看一眼,也会觉得这个人的气质就是不一样,为什么会这样?这就是乔布斯与众不同的特质。

使用 Mac 笔记本电脑的人,气质也不一样

乔布斯,戮力在设计研发上打造与众不同的产品,不但深耕在如何与众不同的设计里,更以精益求精的态度,让产品绝对要有超凡品味,让使用者,不但有着高人一等的优越感,更让没有使用的人投以崇羡的眼光。

同样的超凡品味,也呈现在iPod音乐播放器上。君不见,戴着苹果耳机用iPod听音乐的族群,也会让人投以崇羡的眼光啊!拿的是诺基亚旗下最贵的威图手机,只会让人感受到你是土豪,可是用iPod听音乐,大家就会觉得你有品位。iPod不但让使用者的身份更尊贵,也让别人觉得你有品位。有品位的消费者,就算是有了高档

## chapter2
世纪争霸的"商业布局"

的诺基亚、摩托罗拉，可还是会用iPod来听音乐，这就是乔布斯与众不同的魅力。他不但站稳了音乐播放器、音乐下载的龙头位置，接下来的演变，更在占据移动电话霸主十几年的诺基亚及摩托罗拉双双夹击的情况下，创下同时间将它们双双击倒的辉煌战绩。

诺基亚及摩托罗拉在手机上加入音乐播放器的功能，影响最大的是价格低廉的MP3，它让MP3的销售在一夕之间崩盘了。这当然也会影响到iPod音乐播放器的成长，靠着超凡品味的成长也是有限的，可是已经尝到龙肉的苹果怎么可能甘于吃素呢！

挟着iPod让苹果起死回生的业绩、iTunes的摇钱树逻辑，神人乔布斯向移动电话的霸主宣战，你可以在手机上加入音乐播放器MP3的功能，我自然也可以做移动电话。就这样，一个保有iPod滑转操作方式的滑动方式和虚拟键盘，带有触控屏幕的移动电话iPhone诞生了。

iPhone的问世，尤其是在神人乔布斯与众不同的设计品位要求下，自然影响到了诺基亚及摩托罗拉的市场，可是既要改变使用者使用手机的习惯，同时又要挑战"科技始终来自人性"的高墙，苹果的iPhone并没有引起像麦金塔Mac、iPod的巨浪。在拨iPhone电话时，要先让拨号的虚拟数字键盘出现在屏幕上，再按触屏上的虚拟数字来完成拨通电话的步骤，在当时想要取代一目了然、直接按数字键拨号的诺基亚等传统手机，几乎是不可能的任务。

已经让手机通话步骤极其简单又明了的诺基亚手机，要被带有繁杂的虚拟拨号键盘的触控屏幕步骤取代，对大多数的手机使用者而言，是很难接受的。更何况iPhone可以上网，诺基亚也可以，iPhone可以听音乐、打电话，诺基亚也可以，iPhone有的功能，诺基亚也都有。当时的iPhone，无法让诺基亚的使用者产生想要使用iPhone的冲动，尤其是诺基亚也将银幕放大了以后，苹果的iPhone销售不如预期，甚至有停滞、衰退的迹象。

## 诺基亚兵败如山倒

当所有的手机都在玩贪吃蛇、敲砖块、挖地雷的时候,有一款手机游戏,一夕之间让iPhone呈现火箭般的爆炸式成长,也让传统按键式手机兵败如山倒,也是这个游戏,打开了触控屏幕、手滑游戏的新纪元,这就是芬兰公司研发的"愤怒的小鸟"(Angry Birds)。

芬兰公司研发的游戏"愤怒的小鸟"

坐在隔壁的小芬，拿着她的iPhone，用指尖触控屏幕的方式，操控小鸟的弹射弹弓强度，将夹在弹弓中间的小鸟，弹射出去时发出来biuuuu……

声音，回荡在教室，这让拿着刚中大乐透的老爸送给自己诺基亚旗下最贵的威图手机的小明，很不爽，同学都在看小芬怎么biuuuu……的，没有同学对自己的全世界最贵手机感兴趣，这是小明落寞哀怨的原因。

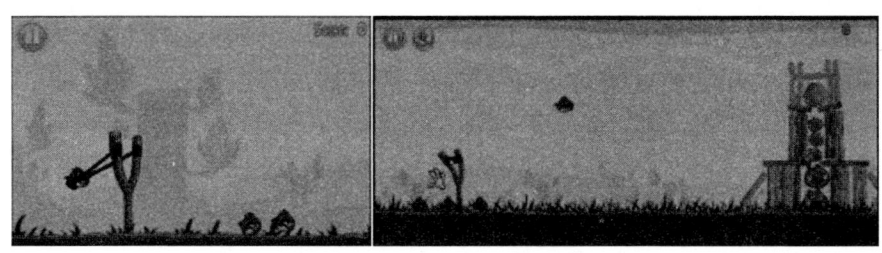

"愤怒的小鸟"的游戏画面

第二天，小明第一个到学校，带着刚买的iPhone准备与小芬一起biuuuu……时，其他几个同学，也拿出了刚买的iPhone来问小芬，怎么安装"愤怒的小鸟"，原来，落寞哀怨的不只小明一个。

诺基亚旗下的"VERTU"手机

## chapter2
### 世纪争霸的"商业布局"

这就是让诺基亚、摩托罗拉等传统按键式手机公司兵败如山倒的秘密，不是iPhone打败了他们，他们是败给了或许连神人乔布斯都没有预测到的biuuuu……这个"愤怒的小鸟"触控指滑手机屏幕的游戏。

这个指滑手机屏幕游戏的功能，是诺基亚、摩托罗拉等传统按键式手机无法做到的，当旁边的人拿iPhone在biuuuu……的时候，拿着传统按键式诺基亚或摩托罗拉手机的自己，就有想将传统按键式手机换成iPhone的冲动了。

"愤怒的小鸟"让iPhone的需求又掀起了巨浪，更让已经有摇钱树布局的苹果公司，如日中天地向成为全世界最大市值公司的地位迈进。

iOS是苹果iPhone手机的操作系统，这个与iTunes一样的果树，不但让全世界的iPhone手机以零点零几秒的瞬间，在全世界采果实，更让全世界开发手机应用于游戏、交友、影视、电话功能等的开发公司，如雨后春笋般蓬勃发展，当然这些公司也必须先上贡给苹果公司权利金，而后还要在产生的营收里，再缴交给苹果公司相当高的营收比例，大约是营收的30%，不是毛利或净利，是营收的比例哦。

这个利润是多么吓人啊！全世界要参与开发运用软件的公司还没赚钱，就要先上缴给苹果权利金，其中不管赚钱不赚钱，参与营运的公司还要让出30%的营收利益给苹果，这就是神人乔布斯，从设计、组装、整合电子零件成为商品的电子、电脑产业，再历经皮

苹果的 iPhone 系列产品

克斯公司，一个以动漫、影音创作、著作权等来延续商业利益的动漫影音制作业的革命性作品。一如之前iTunes与iPod一样，苹果种了iOS的果树，有兴趣的应用程式、软件、开发公司，付给苹果嫁妆后嫁入，嫁入后应用程式的收割，也是需要上贡给苹果的。消费者自动用iPhone下载应用App软件，并付费使用时，就是摘了果子给苹果了，于是苹果24小时的银行户头，都是所有消费者分分秒秒的贡献，让苹果秒进斗金。

咦！你怎么说神人乔布斯，都没有预测到的biuuuu……"愤怒的小鸟"指滑手机屏幕的游戏，是让诺基亚、摩托罗拉等传统按键式手机公司兵败如山倒的原因呢？

这是因为神人乔布斯，他在定位iPhone的时候，手机的核心价值还是以移动电话为主，所以才坚持要方便携带，用一个手掌握刚刚好的3.5英寸以下的屏幕尺寸。一直要到2012年以后，才有4英寸、4.7英寸、5英寸、6英寸的屏幕尺寸，加入了以手机游戏、影音播放等影音，娱乐，游戏为主的核心价值运用。在2012年以前，iPhone都是以移动电话的运用来设计，因此，掀开以手机游戏、

# chapter2
## 世纪争霸的"商业布局"

影音播放等娱乐游戏,这个潘多拉的盒子的,应该归功于芬兰的"愤怒的小鸟"游戏。

腰系倚天剑、手握屠龙刀的苹果,在神人乔布斯的号令下,谁敢不从,数十万家依附着苹果的大僧小尼,无不日夜焚香参拜。这时有一个默默看着苹果独霸天下的隐士小金刚、机器人安迪·罗宾(Andy Rubin)2003年起,就以Linux为基础,开发出一个运用于智能手机的系统——安卓(Android)系统,更在2005年获得搜寻巨人谷歌(Google)公司的全力支持下,开始行走江湖,也渐渐崭露头角。

苹果手机到4S,屏幕都还是3.5英寸的设计

要与腰系倚天剑、手握屠龙刀的苹果手机对抗,是谈何容易啊!更何况神人乔布斯,是触控屏幕行动装置的领航创始者,这场科技战役,要如何展开呢?

## 一场布局五年的战役

早就知道，谁能占据消费者的开机上网系统，谁就会是发号施令的支配者；反之，就是被支配者。这个先知，就是与微软论剑许多年的谷歌。在微软还持续享受着，独占个人计算机，为全世界开机上网率第一名的美梦时，一直如履薄冰的谷歌，就已经察觉，用行动上网的手机装置来上网的数量，将会取代用个人计算机开机上网的数量，因此在2005年之前，谷歌就布下行动上网的战略局势。

中国的谷歌招牌

# chapter2
## 世纪争霸的"商业布局"

谷歌不但并购了隐士小金刚、机器人安迪·罗宾的安卓系统,更以只要是苹果的竞争公司,就是谷歌战友的策略,广招盟友。

因此谷歌在2007年就整合了非苹果阵营的自有品牌智能型手机联盟,加入的公司有美国博通(Boardcom)、中国台湾宏达(HTC)、美国英特尔(Intel)、韩国乐金(LG)、美国美满(Marvell)等公司,2008年又增加了英国的安谋(ARM)、大陆的华为、日本的索尼(SONY)等几十家公司。几年间,就整合足以与大巨人苹果抗衡的非苹果阵营。2010年更以免费开放源代码的授权方式,让智能手机的生产厂商,推出安装安卓操作系统的智能型手机,此战术,让非苹果阵营一夜之间与巨人苹果分庭抗礼,之后更在专门帮苹果生产iPhone手机的韩国三星(Samsung)倒戈,也

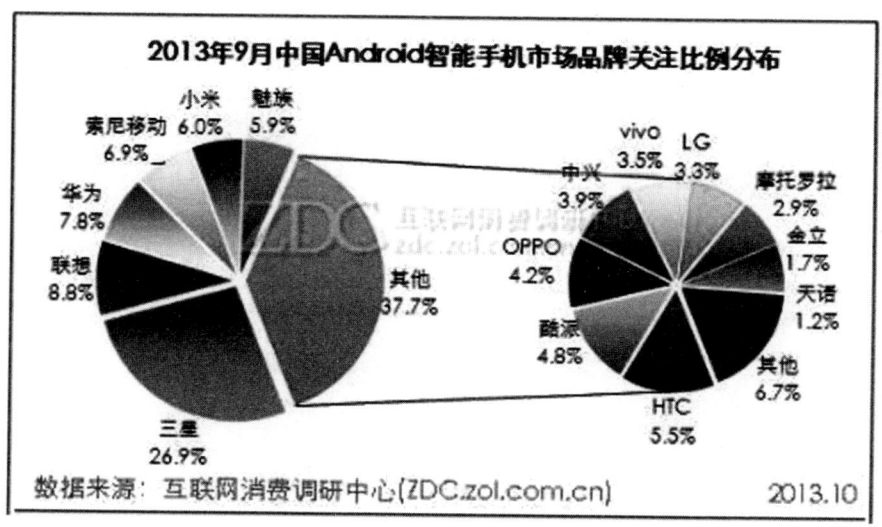

2013年中国大陆智慧手机的品牌市占率

加入安卓操作系统的智能型手机阵营下,谷歌领导的安卓,正式奠定了智能型手机联盟,取得用行动上网的手机装置来上网的霸主位置,让开发出全世界第一个智能型手机的苹果,到现在都一直在后面苦苦地追赶,那么软件巨人微软呢?喔,她啊!她还沉醉在个人计算机的霸主美梦中呢!

哇,这个谷歌的安卓真的厉害!这么短时间就跃上智能型手机世界霸主的位置!这不但让苹果苦苦追赶,还让所有生产智能型手机的公司,不但全部心甘情愿,更是感激涕零地无条件推广谷歌的安卓,可是谷歌的安卓要怎么赚钱呢?

## 胸襟不同的商业格局

苹果的iOS果树，让有兴趣的公司给嫁妆后才能嫁入，嫁入后的收割还需上贡，消费者自动用iPhone摘果子给苹果，苹果二十四小时的银行户头分分秒秒进斗金。

谷歌的安卓呢？免费开放源代码的授权方式要怎么赚钱呢？

这个又是谷歌的安卓极为厉害的核武器。

苹果让有兴趣的公司要先给嫁妆，谷歌的安卓不用，你只要有兴趣加入安卓阵营，就可以免嫁妆嫁入，等到你的公司营运了，公司百分之三十的营收比例给谷歌的安卓系统就可以了。这个商业模式，石破天惊般地让全世界的各路英雄、软件高手跃跃欲试，再一次成功地掀起了百家争鸣的盛况。真所谓，成功绝对不是偶然的，有了好商品、好技术、好发明，也要有对的商业模式，才有机会崭露头角，没有谷歌加持并精心构建商业模式的安卓，或许会像诺基亚的Symbian，或是微软Window Mobile，渐渐式微，真正让安卓傲视群雄、鹤立鸡群的是谷歌的布局策略、商业模式。

微软以个人计算机先安装好窗口软件，再让计算机生产工厂出货的商业模式，成为软件霸主。苹果以开创音乐、指滑游戏等行动平台崭露头角，谷歌的安卓以开放式的合作方式赢得江山。可见，适当的商业模式，才是奠定成败的最关键因素。

这三者的营运格局不一样，胸襟也不一样。

## 营运格局成就事业高度

微软的视窗软件要卖钱，也要赚那些开发出相关应用程序的钱，如Offers Word、Excel、Visual Studio、Soungsmith、Powerpoint、Outlook、Visio、project、access等，更要赚学这些软件的工程师认证的钱。

苹果计算机的营收，与微软不同的是，苹果计算机主要靠提供专业软件给专业人士赚钱，而不是以赚工程师认证的钱为主。苹果

 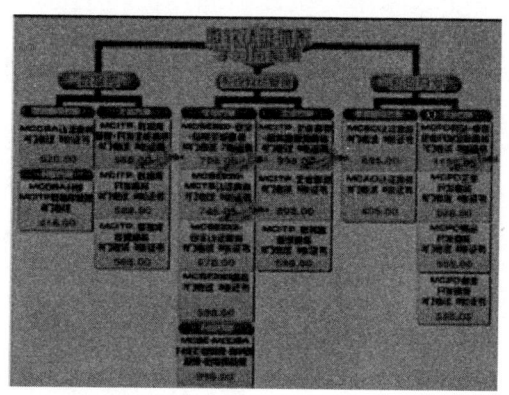

**学习微软相关软件及认证的收费参考**

计算是靠让他们买软件，当成工具用来赚钱的。另外，苹果的iOS操作系统，先赚欲加入合作公司的权利金，待此公司营运后，再赚此公司一定比例的营业额。

微软与苹果，这两家公司，让有意参与的公司或个人，都要先支付费用后，才能展开自己想要进行的计划。也就是，还没有赚钱时，就要先让微软及苹果赚钱。不同的是，微软赚的是工程师的钱，苹果的iOS操作系统赚的是要参与iOS平台，开展事业的公司的钱。

谷歌的安卓呢？它却不一样，它是让有意参与的公司或个人赚到钱后，才收取他们一定比例的利润，也就是让合作的大伙一起将饼作大，提供一个无限大的平台，让参与者先赚钱了，再来分享参与者的利益，这个先利人再利己的商业模式厉害吧！是不是有些像我们梦中的理想国啊！

由此可以看出，这三者的营运格局不同。现在我们可以预测一下，未来一统江山的真正霸主是谁了吧！尤其是没有神人乔布斯的苹果，是不是真的能传承乔布斯的特质，让产品绝对要有超凡品位，让使用者有着高人一等的优越感，更让没有使用的人投以崇羡的眼光。且让我们拭目以待！

难道谷歌的安卓，就是最后的终极平台吗？有没有什么方式、方法、技术、更厉害的营运模式能够对抗谷歌的安卓呢？

这是苹果、微软、韩国三星、日本索尼等，所有的世界级大企业都在戮力发展的目标，以不计成本的代价也要达成的使命，如果做不到，就有可能会被不只有安卓的谷歌给吞食了。现在，几乎所有与搜寻、监测、上网、行动、屏幕等有关的领域，谷歌都是领先者，已经让出数项霸主地位的软件教父微软，只能在泥沼里哀怨地表示，指滑触控屏幕，是我们先用在计算机桌面上的。他们虽然极欲奋起，却是欲振乏力的节节败退。少了神人乔布斯的苹果，在新掌门人库克的领导下，感觉像是越来越向立即取得市场获利靠拢，缺少了以往如第一个图形接口计算机Mac，第一个结合下载音乐iTunes的贵族播放器iPod，第一个指滑触控屏幕的行动装置iPhone加iOS等，这些带有超凡品味的设计又能引领全球的创造性格局。

**微软发布的桌面手滑触控计算机 Surface**

感觉像是山寨了苹果的iPhone，又挖角了中国台湾积体电路纳米制程的韩国三星，一直找不出有什么可以刮目相看的东西，其他品牌公司，如索尼（Sony）、雅虎（Yahoo）、惠普（Hp）、亚马逊（Amazon）等，及与网络有关的半导体巨擘英特尔（Intel）、高通（Qualcomm）、德州仪器（TI，IBM）等，也都只能在将被吞噬的危机中，坚守自己的堡垒，更遑论已经备受谷歌无人汽车威胁的汽车行业。

怎么办？这个世界就要被谷歌占领了吗？难道没有抗衡的办法了吗？

## 江山代有才人出

早在中国大陆的QQ号被当成网络标识符用在交友方面的时候,以色列的工程师就已经发明了ICQ,就是,我寻你(I seek you),极快地在全球流行,尤其是使用在交友上,更是如火山爆发般席卷全球。不到两年,美国的美国在线公司(American on line),立即发现此软件的无限商机,很快就以4.7亿美元并购。可是好景不长,因当时带宽不足,导致通话质量极差,又没有更能抓住使用者的新应用技术等,无法如预期逐步成长,但却打开了网络交友、免费通讯等理念的新纪元。

网络免费通讯软件的新世纪到来,立即挑动了全世界最顶尖程

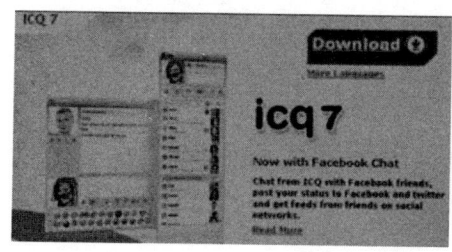 

网络通信软件 I SEEK YOU (ICQ)

序设计师的指尖。想想！只要在计算机上安装这个通话软件，置身地球不同地方的两个人，就可以借助因特网通话，重点是免费。

这项革命性的创新技术，正如火如荼地挑战着全世界的电信公司，这个软件会让执电信霸权的各国国有、私营电信公司，损失多少的通话收入啊，尤其是贵得离谱的国际通话费、漫游费等。

同时，这也意味着投入这项事业的艰巨，艰巨的不是软件技术，而是来自于与国有、私营的电信、通信公司争利背后的巨大黑手。

当全球最广泛的通讯软件Skype，需借助网际网络联机，却只能在计算机两端通话的时候，中国台湾团队早在1995年（比Skype早了五年），就已经发明了可以用计算机或是手机通话的随身码技术，这项技术远远超过了Skype的功能。

随身码功能，不只让两人可以借助网络联机，在计算机两端通话，更可以让两人都不在计算机端的时候，也可以借助转接功能用手机或是座机接通电话。重点是，用计算机拨号的人的通话费是零，接话方用计算机接电话也是免费，只有用手机拨话或转接到手机、座机接电话，才要支付国内的通话费。

另一个引爆的功能是，随身码在全世界接电话是没有国际通话费、国际漫游费的，就是说，无论你在美国、中国、还是德国或别的什么国家，接到的电话都没有国际漫游费，而且找你的人也没有国际通话费，甚至根本不知道你在哪里。

这个革命性的创新通信技术，在中国台湾的所罗门先生带领

# chapter2
## 世纪争霸的"商业布局"

下,几个月就火烧台湾各地。由于此号码的定位是,个人的随身码,也就是随附在每一个人身上的号码,因此随身码的运用就相当多元了。它可以作为电话号码,让你一个号码走遍全世界,接电话没有国际漫游费,打给你的人也不必担心要支付国际电话费,一个号码还可以当成网络标识码,让你在网络上组建自己的亲属、友谊、商务等,不同族群的园地,并可以应用于付费、收费号码,让你在付、收费上更便利,更可以当成安全认证码,在你运用于不同的功能时,可以让你安全无虞地实时得到安全机制的随时提醒、保护,以确定此号码是在你亲自操作下使用。当然还可以与所有的电子凭证、网络凭证等结盟。

来自台湾团队研发的随身码文宣

如此种种不同的功能运用,也正在台湾与大陆关系紧张四十年后的开放政策下,快速地在常常往来大陆与台湾的台商间发酵。可是好几股隐秘的巨大黑影,也正急遽地一波波袭来,先是被强迫与台湾的电信公司重新签订通信费率，再被各个电讯公司莫名间断式的断讯，之后上场的是政府的主管单位查报违法使用的调查。无论如何，一定要将随身码去之而后快似的。

1999/9/9《中国时报》

1998年，这个全世界功能最先进的网络通信系统随身码，终于在非技术或使用功能不好的状况下寿终于台湾，却也造就了大陆一号通、香港飞线等的诞生。这也意味着，一个新技术的成功，要冲破多少层层的重大障碍啊！掌握好一项新技术，就算是新公司也是会一飞冲天。

大陆的一号通广告

# chapter2
## 世纪争霸的"商业布局"

ICQ促进了大陆的新公司腾讯的飞黄腾达，随身码造就了老电信发展一号通、飞线的使用，可是核心价值的不同，商业模式的不同，却有着不同的命运。

ICQ与QQ是以交友为核心技术发展，这种交友的核心技术所衍生的商业模式及规模，完全将以省话费为核心技术的随身码、一号通、飞线等，远远抛弃在后面。而面临类似状况的还有，Skype也渐渐被Facebook、微信、Line等软件，远远抛弃在后面了。没有以人性需求为核心，不断地衍生出创新技术、创新商业模式等，也只能是昙花一现而已了，纵然最终归属于软件巨人微软集团所并购的Skype，也将面临扼腕的结果。

 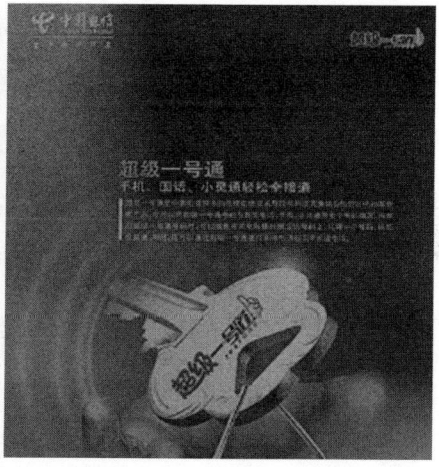

**中国电信及中国联通的一号通文宣**

影音巨人Youtube，也在脸书Facebook新创加入了影音服务后，渐渐流失了它的客户串流次数，再一次证明企业必须不断地以人性需求来构建创新技术，这是延续企业生命唯一的一条路。

## 无毒计算机

无毒计算机，中国大陆称无硬盘工作站，一个由中国台湾博士李锦峰在美国硅谷以UNIX技术研发的即时同步看盘系统，所衍生而来的云端技术，被确认是全球最需要计算机安全的首选系统。

此系统造就了大陆的成都鹏博士公司。它从钢铁、教育起家，现在成为前十的网络营运商，也是最需要防范黑客攻击、数据被窃等国家级保密机构、国防机构、全球连锁集团、证券公司、企业公司等的首选系统。

为何无毒计算机又称无硬盘工作站呢？此系统由几十台以网络联机的计算机中的一台电脑，来当服务器主机计算机，其他的计算机又称工作站，工作站里的硬盘被拿掉，所有工作要用的操作系统及所有的软件等，通通由服务器主计算机提供。工作端计算机没有硬盘等储存装置，工作端所做的工作，直接储存在主机服务器计算机里，储存时，还是以此无毒计算机系统自创独有的储存格式储存。因此就算工作端的计算机里，有来自网络端攻击等的病毒，或

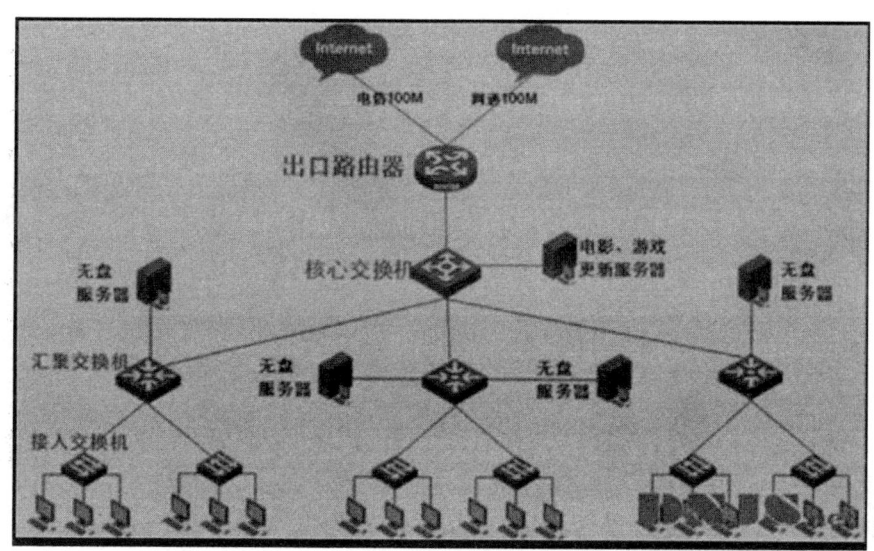

无毒计算机的布建图

是被黑客锁定为攻击目标,只需要将工作端的计算机关机重开,病毒或攻击程序就完全不见了。

因为没有硬盘,所以病毒或攻击程序完全无法留在工作端的计算机里,因为储存格式不同,就算病毒或攻击程式被储存在服务器计算机里,对服务器计算机而言,也只是一连串数字零与一的符号而已,所以这种无毒计算机系统,完全不受病毒或黑客用攻击

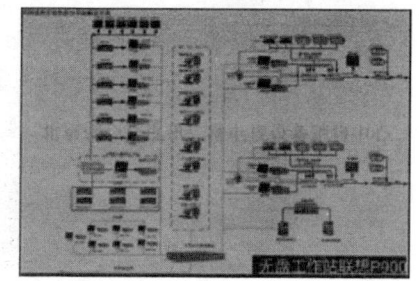

无毒计算机的使用情形

程式影响。

若是因机密需要，还可以将外部联机的联机装置，及外接储存、外接硬盘等装置取消，让此工作端的计算机所做的所有工作，都只能储存在指定的服务器计算机里。万一商业间谍将服务器计算机里的硬盘，或是整个服务器计算机偷走，也无须担心机密泄漏，因为服务器计算机的储存格式不同，打开的资料也只是一连串的零与一的符号而已。这个系统牛吧！

也因此，现在全大陆的计算机教室、网络会所，几乎都是采用这个系统。这个恩德，完全要感谢李锦峰博士在1998年开放此系统的源代码。

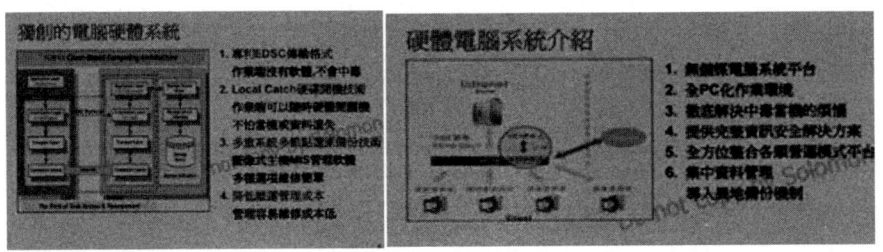

**无硬盘工作站的运作原理简易图说**

**成都鹏博士公司合并长城宽带等**

成都鹏博士公司，就是采用此系统在全国布建酒店完美宽带服务一炮而红，也因此逐步并购了北京电信、长城宽带等，而成为现在的前十大网络营运商之一。

无毒计算机的商业运用还不止于此。2001年，另一位重要伙伴王祚彦先生，就因无毒计算机是最安全的公共服务计算机，策划出数种商业运用模式，不只适用在酒店、教室、证券业、网络游戏业、企业公司等，更适用在任何的公共场所，例如全世界的机场、车站、商场等公共区域，也适用于安全等级要求最高的金融用计算机，如提款机、银行办公用计算机、服务器主机等，以及现在正在规划的公共餐桌，预计又将掀起一波全球服务业的革命。

**无硬盘工作站的商业运用**

运用在企业、公司行号，不但可以设定工作端的计算机，哪些可以上网，哪些不行，对于工作端计算机的工作内容、浏览过那些网页、资料或时间、次数等，都可以记录。乍看之下，好像对于工作者太过严苛，事实上是协助建立工作者的工作态度，对那些每天来办公室泡茶聊天、坐等薪资的风气，有正向的作用。

当然，无毒计算机若是在家庭使用，不但可以杜绝黄、赌、毒等对成长学子的毒害，更可以透过管理的机制有效掌握、控制工作端何时可以上网与网络联机、何时关闭此功能、何时无法开机继续使用。如此安排可以避免工作端计算机的工作者过度的工作，以便有时间好好休息，当然，也可以让父母更安心地给子女一个安全又放心的计算机加网络环境，让网络时代的子女能在健康的网络环境下遨游，茁壮成长。

**无硬盘工作站的商业运用**

当然，由于无毒计算机是由服务器主计算机提供操作系统及其他所需的软件，同时也储存了"工作端"日日累积的工作成果的数据，因此这个服务器主机系统就相当重要了。尤其是在2001年发生的"9·11"攻击事件，让位于纽约最重要的地标双子星摩天大楼崩塌，造成全世界的金融业一夕崩盘，而能让金融业从一夕崩盘的困境中急速复苏的关键，就是数据的异地备份。从此，企业、机构等在建置计算机网络的时候,都会要求异地备份。

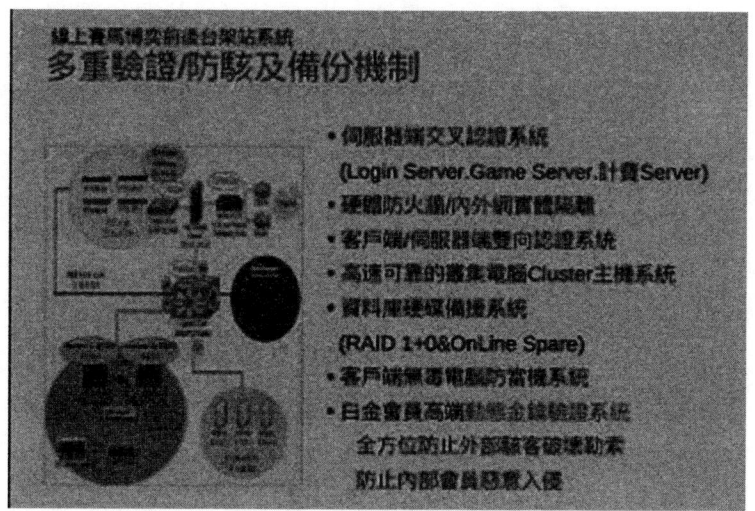

无硬盘工作站的验证说明

而深谋远虑的经营者,不只是需要异地备份的机制,更是需要更安全的分布式异地备份,甚至于是每个异地备份的服务器主计算机,都有自己特定的储存格式,不但储备了数据的安全备份,更让数据外泄的风险有了另一层的保障,而这个安全机制,正是无毒计算机众多的效能之一。

全世界所有的银行、网络银行、金融机构等,或是有金流的赌博、游戏、商务、物流等网站,都会面临黑客入侵的风险,而真的发生黑客入侵损害时,受害一方往往采取默默承受、私下解决的处理方式,那是因为这种事件公布后,不只会造成客户流失的重大后果,还有可能带来挤兑、信用崩盘等伤害,可能让相关的机构破产,甚至是结束营业。

无毒计算机的机制,如何能预防黑客入侵的状况出现呢?

首先,它采用主从架构的计算机。主,就是服务器主机,从,就是工作端。工作端可以视为网络端的计算机或是提款机计算机等,当"工作端"因为工作而产生了工作内容、指示等改变数据的指令,此指令要回返到主机端时,除了是单行道式的,自动确认是用户特有的格式指令外,此指令还会遭到"查验"是否为安全指令。再加上,服务器主机与"工作端"的计算机采用"实体隔离"设计,让所有的"黑客"指令,不但在"工作端"就被消除殆尽,更让被"黑客"入侵的客户,同步察觉并立即获得警示,此"黑客"的"工作端"及入侵的计算机等装置,也会立即被"锁住"、

无硬盘工作站的商业运用

追踪,让所有的"入侵"在第一线就被消灭殆尽,除非"入侵者"是"里应外合",或根本就是"内鬼"的高手。当然,"无毒计算机"的机制也会防范到这个状况的出现,就算是电影《不可能的任务》演的、直接由全球营运总部的主机操作植入的"入侵"程序,也同样会被《星际大战》中的"原力"(Force)给化解的。

因此"无毒计算机"的安全机制,也最适合用于公共服务计算机,例如全世界的机场、车站、商场等公共区域等。而正在规划的"公共餐桌",除了让服务业跨入提供更多元服务的网络信息服务外,更要重新思考、规划加入网络信息服务的商业模式,以及对结合"公共服务计算机网络"为架构的物联网、家联网、医联网、金联网、娱乐联网、教育联网、安防联网等,可能会产生的变化,并分别加以布局。

## 酒店营运模式

早在个人计算机普及的时候，就已经有许多眼光独到的商人，想到可以将计算机置放在酒店、旅馆等的客房里，以帮助许多旅游、出差等不愿意带笨重计算机的旅客，于是就有许多酒店、旅馆纷纷在房间安装计算机让客人使用。这种房间的收费，自然要比一般房间贵些，也取名为"商务房"。这样的房间很快受到入住者的青睐，尤其是商务出差的，所有入住费用都是由公司支付，选择贵出美金十元、二十元的"商务房"，根本不眨眼睛就决定了。就算是自己带了笔记本电脑，还是要选择入住"商务房"，因为"商务房"不但可以在隐秘的房间里任意网游，要上什么网站，就上什么网站，而且反正又不是自己的计算机，坏了、中毒了也没有关系。就这样，"商务房"常常客满，算得精的酒店、旅馆老板从每个房间又可以多收美金十元、二十元，有什么不好的啊！

就在酒店、旅馆老板，纷纷将房间改成加了计算机的"商务房"后，服务生的噩梦开始了，几乎只要有客人入住"商务房"，

# chapter2
## 世纪争霸的"商业布局"

计算机客房(2006/2/10 电子时报)

安装计算机的酒店客房

客房部就快要发疯似地想要自杀了。层出不穷的计算机中毒,让客房部服务生忙到几乎爆肝,入住的是女客人还好,只要是男客人入住,跑个十趟八趟的还算客气的。客房的计算机几乎都是因为连上了某些网站(如色情网站),而发生中毒、死机问题,而打电话要服务生立即解决。这不是说只有男人才上色情网站,而是男客人会因为客房计算机中毒请服务生解决,女客人则不好意思让服务生知道自己上色情网站,宁可自认倒霉,选择关机睡觉,所以有很多刚入住的客人一开计算机,计算机就是坏的。

　　酒店只想着每个房间可以多收十元、二十元美金,一个月就多收美金三百元、六百元美金,二十个房间的话,每个月就增加六千元到一万二千元美金的收入,多好啊!

　　这个美梦还没有正式开始营运的时候就破灭了,不但收不到半毛钱,还因为计算机死机、中毒等,要向客人道歉,甚至是给予相当优惠及补偿,才得以解决问题。这还不包含因为改造成"商务房"而投资的装潢费、网络建置费、计算机费等。

全世界的酒店、旅馆等，几乎再也没有安装好计算机房型的"商务房"了，只有一些五星级酒店，为了提供更全面的服务，而准备了笔记本电脑出租给客人，或是一些经营网络的商人，投资包下整个酒店的有线、无线网络工程建置于酒店以拆账的方式，提供给自备笔记本电脑的客人上网服务，尤其是不差钱的客人所选择的五星级酒店，几乎全部都是这样的。

有一些国际计算机大厂，一直在努力创造"酒店上网服务"的硬软件，不仅仅是以建置客房计算机为目标，甚至是将房间里的电视系统都设计在一起。像慧智计算机公司，在2006年就推出酒店、旅馆用的计算机影音系统，并成功地在中国大陆秦皇岛的假日酒店投入使用。升阳计算机也斥资超过百万美金打造酒店客房计算机系统。以上已显示了"酒店客房计算机"的商机是多么巨大了。

酒店再也不愿意在客房内安装计算机，原因是死机、中毒的问题，若是这个问题解决了，酒店就愿意安装计算机了吗？要再次重蹈覆辙吗？又要先投资装潢、计算机建置的费用吗？谁可以担保不会再次血本无归呢？客服部的说："老板，您再装客房计算机我就辞职。"

中国台湾的富比利公司，看准这项可以布建"酒店客房计算机"到全世界酒店的无限商机，策划了无法让政府、酒店、旅馆拒绝的"商业模式"。第一步就是重新建立起酒店、旅馆商人的信心，免费无偿地提供国际大厂惠普计算机给酒店、旅馆，并协助他们将房间改装成"商务房"，让入住的客人使用看看，用实际操作来确认富比利公司提供的"客房计算机"会不会死机、中毒,会不会让服务生因而多了一丁点的工作,当然也让酒店、旅馆测试,在增加了富比利公司提供的"客房计算机"后,营收有没有增加。

 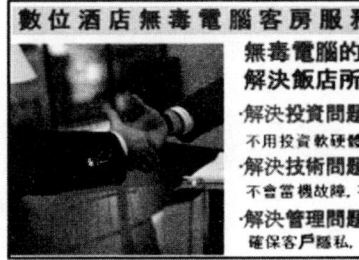

富比利公司布建的酒店客房计算机介绍

这样的"商业模式"不但可以协助政府提升城市的网络建置,为提升城市服务功能也贡献出一份心力,更因为"客房计算机"的开机首页,可以提供给政府作为各项政令、其他公营的网络服务、观光等旅游服务、商贸服务等方面的宣传、互联等,让入住的国内外旅客一开机,就感受到政府在打造网络化城市的领先技术,重点是:不需要政府预算支付这些费用。

富比利公司就在员工不领薪资、营运几年也没有收入的测试中,终于使一些酒店、旅馆同意使用,这些酒店、旅馆在测试约一年后,每间有计算机的"商务房"一年可以多赚约三千元美金,签约五年就多赚一万五千元美金的净利,而所有的装潢、网络建置、硬软件等的投资,全部由富比利公司负责。不但如此,客房计算机,也同时协助了这些采用的酒店、旅馆业主,提升了客房的计算机网络建置及服务,让来到中国台湾入住到有计算机的"商务房"旅客,享受到不会死机、中毒的客房计算机。入住的使用者还可以选择自己的本国语系统来操作使用,英语系选英语系统,德语系选德语系统,西班牙语系选西班牙语系统,日语系选日语系统等,对提升中国台湾这个引领全世界计算机技术的科技岛,名副其实。

客房计算机　　　　　　　　　多语系操作系统的说明

这项技术及策划的"商业模式",对台湾执政者建置网络化城市有实质的帮助,可是当时酒店、旅馆的主管机关——台湾观光局,却有不一样的想法,终于因为几年营运都亏损,尤其是为了证明"客房计算机"的"商业模式",而投入了相当资金的压力下,再加上又没有后续资金的投入等因素,最终就在股东间的万般不舍下结束了营运。

虽然结束了营运,但也证明了这项"技术"所规划出的多赢"商业模式"是可行的,除了协助政府建置网络化城市、为酒店旅馆创造更多营收、带来世界酒店客房计算机的重新启幕,重点还有：这样的"商业模式",不是让大家来分配建置一台网络计算机约千元美金的小饼,而是由负责营运的公司,投资这个千元美金的计算机系统,而让参与的酒店旅馆业、政府等伙伴们,共同创造出一台超过千元美金、两千元利润大饼的客房计算机系统,当然也促使李锦峰博士所创造的"无毒计算机"系统,得以往"公共服务计算机"的领域迈进。更如同他说的"成功不必在我",成功是"需要大伙一起来的",就如同全世界在2012年的奥运上,向20世纪90年代发明全球信息网络的提姆·约翰·伯纳李爵士致敬的同时,也同时要向20世纪70年代,发明互联网络协议的创始人,互联网之父文顿·瑟夫博士及罗伯·卡恩博士致敬一样,不是因为他们发明创造了网络带来多少利益,而是他们创造了人与人联系更紧密的新世纪。

## 颠覆IT产业的革命性技术

　　现在的计算机、网络相关产业都是往"云端"的概念发展，所有的数据、软件运用、工作、计算等，都尽量让"云端"来提供，不但尽可能减少"使用端"（台式计算机、笔记本电脑、平板计算机、行动装置）的储存，工作软件、程序等也尽量让"云端"来提供，更因此而降低消费者买入"使用端"的价格，让消费者以低廉的价格买入"使用端"，也同时给消费者谋取更多的后续使用"云端"功能、资源的利益，因此"云端"的建制也越来越重要。

　　若是单一"云端"设备的服务器坏了，就会影响到整个"云端"的功能，因此建置"云端"服务器计算机的设计、效能、安全等就越来越重要，尤其是因应用"云端"的发展，服务器计算机的功能也越来越强大，功率也越做越大了。

　　可是自发明计算机以来，就一直有个所有计算机以及行动装置无法解决的问题，那就是"散热"。服务器，也面临了这个问题，若是此服务器计算机出现散热故障，有可能会高温起火烧掉，也可能让服务器群所建立的"云端"都烧掉。"云端"烧了,经营"云端"事业的公司就要面对无穷尽的损害赔偿,所以才会有集团将"云端"建置在长年温度低于二十五摄氏度的山洞里。

放置服务器的机房及机房的散热

行动装置,包含移动电话、车载计算机、平板计算机、笔记本电脑等所面临的问题之一,也是"散热"。因为工作量越来越多,像是指滑游戏一阵子就要让游戏设备休息休息,车载计算机,更会因为温度升高而死机。

而目前,无论是服务器计算机或是行动装置,解决主板"散热"的技术,就只有机械式的技术如水导管、热导管、加装风扇等,可是几乎风扇一故障,就必定会死机了。有的热导管不需要加装风扇的辅助,可是"散热"功能也很有限,无法畅快地长时间使用,很多苹果用户常常玩指滑游戏到一半,就要让iPhone休息休息,甚至是吹吹电扇、冷气。

或许,现在正在发展的一项新科技材料,运用物理原理的特

需要风扇散热的服务器

性设计制作,解决"集热、散热"的问题,不用风扇,也不用水导管、热导管等装置,就可以在工作环境高于35摄氏度,让七百、八百瓦的主机板与中央处理器CPU等,在连续工作一万小时后,温度还低于30摄氏度。这个物理原理的新材料技术,就有机会对抗不只是谷歌,甚至是苹果、微软等世界霸主了。

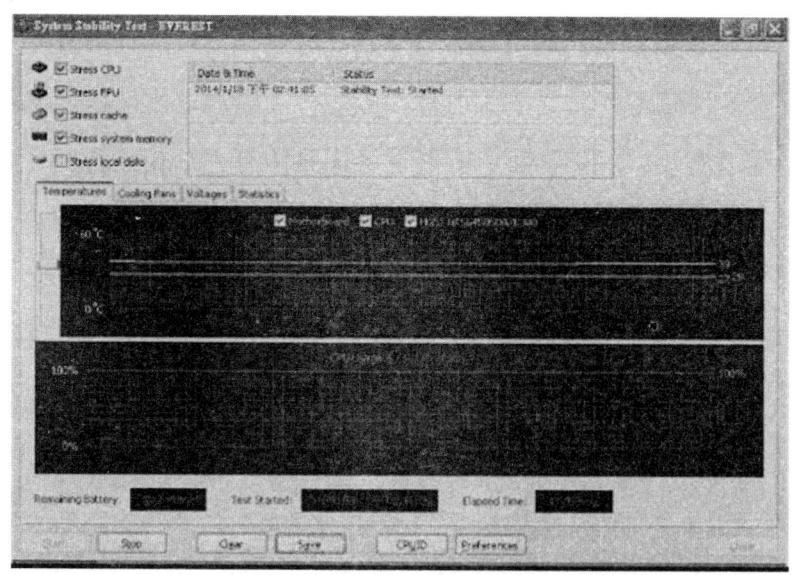

不需要风扇散热的新散热技术,测试10000小时的测试表

CPU 平均温度 27 摄氏度　主板平均温度 29 摄氏度

这个新技术,不光是解决了需要用到主机板、芯片组、中央处理器等任何装置设备,各种计算机、机器人、医疗器材设备、车载电子、控制监控设备、各种交换机、提款机,电池等的集热、散热问题,更有机会翻转所有需要"散热或集热"的产业,例如太阳能发电、集热、导热、隔热等,与散、集热有关的建材,各种需要散、导热的芯片、材料等,尤其是对芯片材料的影响,不但会改变现在的封装材料、方式、技术,甚至会改变模块化、一体化主机板的技术。

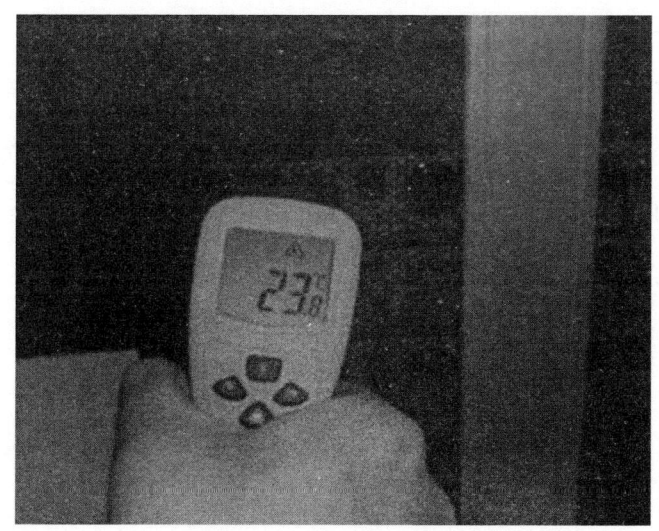

**量测机房里服务器的温度**

虽然此"物理式散热技术"具有帝王之相,可是重点还在于"商业模式"要怎么进行呢?直接生产"物理式散热技术"的服务器计算机,然后卖给所有的国际大厂,就可以高枕无忧地成为全世界最大的服务器计算机生产、代工工厂了,这个厉害吧!

那手机呢！是否也是依样画葫芦，直接生产"物理式散热技术"的手机，然后卖给所有的国际大厂，就可以成为全世界最大的手机生产、代工工厂了？那交换机、机器人、提款机、监控设备、车用电子，其他那些需要"散热、集热"的产品、产业呢？

直接生产"物理式散热技术"的产品，是不是最好的"商业模式"呢？这个模式会不会很快地如同第一个触控屏幕的行动装置苹果一样，立刻就有山寨的爱疯、爱风手机等，或是连技术都会被挖角成三星的发明了呢！

只有"物理式散热技术"这个"九阴真经"，而没有适当的商业布局，最后也只能落得像诺基亚的误判未来形式，或是微软的错失适当的商业布局先机，或是像亚马逊、索尼、韩国乐金、中国台湾宏达电子等急迫地推出的三D手机一样，昙花一现而已。

# 全息频谱

"全息频谱",一个犹如空气一样随时环绕在我们身边,扮演着维护你我守护神的技术,正在如火如荼的进展中。

什么是"全息频谱"呢?每个物体都有自己的频谱特性,包括花草植物。每一种不同的花草,都有自己特定的频谱特性,玫瑰有玫瑰的,百合有百合的。同样是玫瑰,娇艳欲滴的玫瑰与奄奄一息的玫瑰,频谱特性也不同。也就是说,健康的我与生病的我,频谱也不同,那如果是得了重症急性呼吸综合征(SARS)的我,频谱也与得了禽流感(H5N1)病毒的我,有不同吗?答案是,的确不同,SARS有SARS病毒的频谱,禽流感有禽流感的频谱。

"全息频谱"也是以"云端"的概念来建置的,每一种物种、生物、器官、细胞、细菌、病毒、元素等,都有自己的特定频谱,因此将所有的频谱集合在"云端",用"频谱探测装置"将测得的频谱送往"云端"里比对,就可以分析出被探测的物体是什么样的频谱。通过对每种物体的频谱特性进行严密的分析比对,我们还

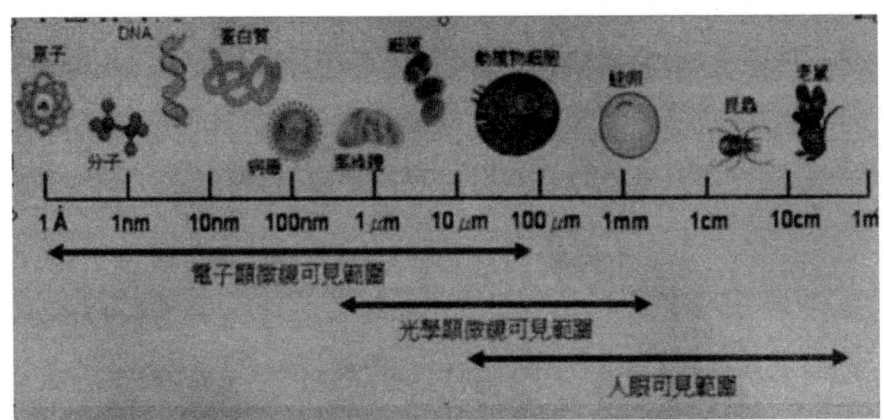

每个物件不同的波长

可以知道刚刚吃的午餐里,有没有塑化剂、地沟油、农药、反式脂肪、大肠杆菌等,也同样可以知道我适合什么样的食物,是无醣的、少盐的、可食疗胃溃疡的,还是清血管的、瘦身减肥的、雄姿焕发的,缺少了什么营养成分,什么元素又过多了等。当然,这个技术不但要建置"云端",更要有"频谱探测装置"的探测。

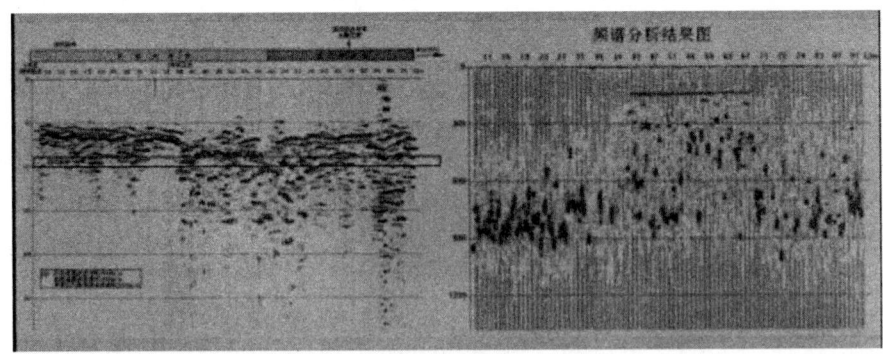

频谱分析的资料

chapter2
世纪争霸的"商业布局"

"全息频谱"的影响是非常巨大的,不但与我们的生命、健康等有切身关系,更对我们所有的衣、食、住、行等所有接触到的东西都有关,像是居住环境有无阳光、阳光的照射角度、照射的时间、照射的时间长短,所使用的营造材料、装潢材料等都有关系。因为所有的物体都有特定的频谱、特定的波长,当此物体有阳光照射、无阳光照射,或是被阳光照射后,被照物体反射的波长,也与直接被阳光照射的波长不同。有些波长对自然生物、对你我是很好的,像是人约黄昏后的阳光波长,让你与情人感到甜蜜幸福,若是正午的波长,就会像烤乳猪,让你我脱好几层皮。

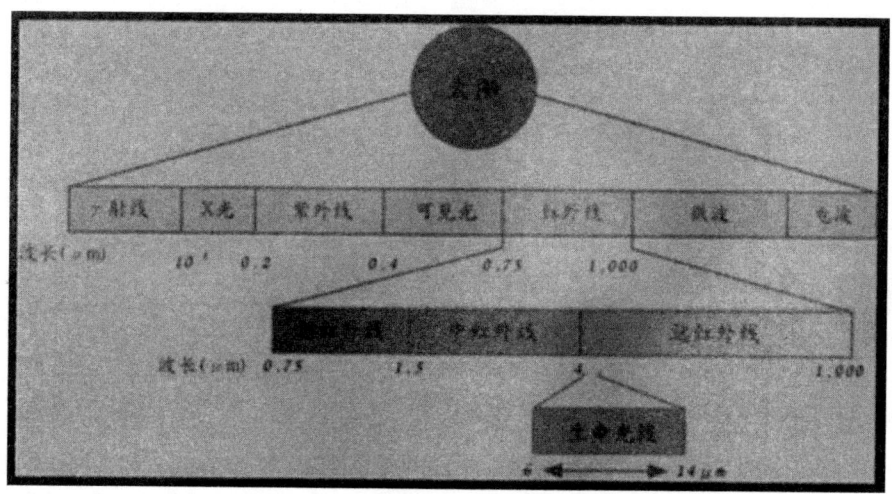

**阳光的波长**

被阳光照射的物体或物体本身的材料,也是会有很大的影响。目前还没有对建筑材料的波长有什么特定限制,只有在材料的有无毒性、有无放射线等方面,加以限制及管控。事实上影响我们的,何止是现在已知的毒性及放射线啊！而且，现在已知的毒性及放射线，仅仅是极为稀少的一部分，就像是近几年才发现某些塑料原料会影响怀孕，甚至导致不孕，那我们住的钢筋水泥房，会不会也会造成什么伤害呢？我们只知道，用钢筋水泥来种花草，是种不活的，若是用我们古代的建材来种花草，花草却可以很茂盛，这不是说钢筋水泥不好，而是说，我们古代是用来自大自然的自然材料，来筑建我们的居住环境。更别说现代文明所带来的化学装潢、居家材料了，墙壁打底的、粉刷的、涂抹的、油漆、黏着剂、壁纸、家具、灯具、灯泡材料、灯泡光线波长、地毯、寝具、厨具、卫浴用品等，都无时无刻地与我们在交互影响着。有些影响是正面的，像是部分厂商推出的负离子产品；有些影响却是不好的，像是会造成明显过敏的材料。问题是，我们怎么知道什么对我们是好的什么是不好的呢？

我们周围的环境、材料等，对我们的影响就这么大了，更何况是其他的衣、食、行等。的确，衣食的影响是更大的，尤其是人类近百年才开启出来的化学工业，让我们所穿的衣物都需经过所谓的化学加工处理。现在想要穿一件百分之百的自然材料、百分之百自然缝制加工的衣服是奢侈的梦想，就跟现在想要吃百分之百自然材料、自然加工的食物一样，也是奢侈的梦想。更别说在地球上，想要找到一块没有被化学入侵的土地。或许你会说，南极大陆啊！南极大陆还是净土。殊不知，地球瞬息万变的气候变迁，早就将南极大陆布满了人类的化学空气、化学雨水了。人类文明的发展，早就

# chapter2
## 世纪争霸的"商业布局"

在你我身体里布满了化学工业所制造的食物了,化学工业不只主宰了人类所有的衣、食、住、行,更以极快的速度在摧毁地球,这还是个无法制止,更无法逆转的演变。让人类以百年的近代文明,摧毁地球千万年的生态,我们人类很厉害吧!

**探测土壤**

我们处在这样的环境中,要怎么生活呢?其实,这个被化学工业塑造的环境,人类还算适应得不错。人类的病痛减少了,寿命增长了,生活质量提高了,生活范围扩大了,相互交流增加了,这些相对很好的发展,也是化学工业带来的。因此,化学工业才会持续主宰人类的文明进程,而为了要在此环境中,对抗对自己不利的东西,选择能让自己更好、更幸福的东西,"全息频谱"技术就是选项之一了。经由"频谱探测装置"的探测,拒绝会伤害自己的东西、选择对自己最好的东西,正是我们文明时代的守护神。

这么好的产品,要怎么问世呢?

直接做一个"频谱探测装置"推广销售，当然是可以的。举办产品发表会，征求各国各地区的代理，就像是卫星定位装置一样，发明者握有关键技术，申请好全世界的专利，由工厂生产出各种芯片、模块，再由各品牌商决定组成各种各样的产品，发明者只需躺在家里数钞票就好了，这个舒服吧！

或许，再思考思考这个技术的"核心价值"，"频谱探测装置"是否就有机会挑战谷歌呢？

别忘了，"神人"乔布斯挟着iPod让苹果起死回生的规划，iTunes的摇钱树逻辑如何向行动电话的霸王宣战，诺基亚可以在手机上加入音乐播放器的MP3功能，我自然也可以做移动电话，就这样，"神人"乔布斯所孕育的电话iPhone诞生了。

"频谱探测装置"这个产品是不是也可以这样规划呢？

运用每个人都需要的"频谱探测装置"的"云端"结构，来打造一个全新的操作系统"频卓"，设计自己的智能型移动电话、装置等产品，一旦安装"频卓"的智能型移动电话设备，可以如空气般地随时保护使用者的健康安全，谷歌的安卓却无法做到。这是不是很像当时的诺基亚，遇到"愤怒的小鸟"的biuuuu……呢？诺基亚因为无法biuuuu……而兵败如山倒，谷歌的安卓无法"频谱探测"，所以被替换？或许"频卓"真的有机会与安卓比比腕力，也有获胜的机会！重点还是，必须要有适当的"商业模式"，别忘了谷歌的安卓是经过商业布局了几年后，才开始发酵成就霸业的。

## 无储媒技术、无毒手机

之前提到无毒计算机，是因为"工作端"移动电话、平板计算机、笔记本电脑、个人计算机等，没有储存软件的"储媒"装置，如硬盘、闪存等，包含操作系统等的所有软件，都是由"云端"提供。再加上每一个"工作端"的所有工作、储存内容等，都以自己独有的单元格式，回存到"云端"，因此不但让"病毒"无法入侵到"工作端"里，就算是"云端"的储存内容被盗载了，也是一堆乱码的符号，更遑论专门盗取密码、账号等机密的"木马""后门"等程序，要被误植到"工作端"也是不可能的，因为只要"工作端"关机了，所有外来"软件程式"会通通被消除，这也是为什么取名"无毒计算机"的原因。或许针对"行动装置"市场，要再取个新名字"无毒手机"了。

这个技术，也是每个"计算机族""手机族"引颈企盼的。在越来越多"黑客"有心无心地证明自己的功力、技术多么厉害的互联网时代，让自己保有最单纯的自我世界，现在看起来是奢望了。

预见 未来商业
YuJianWeiLaiShangYe

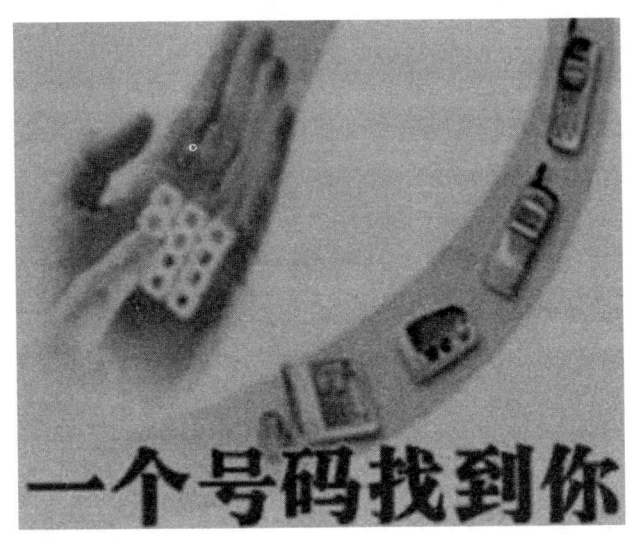

大陆的随身码,一号通的文宣

而"无毒手机"将会是保卫自我王国的天使,虽然它大有机会挑战谷歌的安卓,可是仍需要适当的"商业模式",才有可能号召"神兵神将"共襄盛举。

"无毒手机",就是每个行动装置手机,没有"储媒",不会被入侵者植入入侵软件、程式,所有行动装置手机的软件、应用程序等,都是由"云端"提供,这个"云端"可以是生产发售行动装置手机的公司,如中国台湾的宏达电子、韩国的三星、日本的索尼等,或是经营行动电信的公司,像中国移动、美国电信、日本电信等。每一个用户的行动装置手机应用程式都会不一样,每一个用户的储存内容也不一样,重点是每一个用户的单元格式也不同。有自己独有的单元格式,就算是自己的行动装置手机遗失了,捡到的人也无法打开里面的内容,就算内容被打开了,看到的也是一堆乱码，没有原始用者的"格式"来启动，是看不到真实内容的。而经营"云端"的一方，更不用担心"云端"被入侵，客户的资料被盗取，就算真的被盗取了，没有当事人的格式开启，也看不到真实内容。更何况还有好几层的实体隔离、被入侵警告等的保护，就算是被"内鬼"里应外合的包夹，也只会引起部分客户的资料出状况，而造成一时的不便，客户储存在"云端"的数据是不会遗失的，原因是有"分布式异地备份"的保护。

  无毒行动装置手机，或许是还是现代人隐私的守护者。期待无毒行动装置手机早日问世。

## 裸眼三D新时代

美国亚马逊、日本索尼、韩国乐金、中国台湾宏达电子等，都陆续推出了裸眼三D手机，其实也代表了国际大厂、世界级的品牌，看好裸眼三D，认为它将会是下一个颠覆"屏幕"的革命性产品，所以他们自然纷纷要抢占先机，独霸鳌头。可是往往事与愿违，人算不如天算，裸眼三D手机在市场上仅仅掀起一丝丝的涟漪，然后都是昙花一现，黯然收场。只有大尺寸的三D屏幕,悄悄占据了一些客厅的墙壁，取代了电视的位置，还大都是,要戴眼镜看的三D屏幕电视。

为什么这个裸眼三D技术，至今都没有获得消费者的青睐呢？有许多的分析师都提出相当精辟的看法，有的认为是因为裸眼三D的影片太少，有的认为裸眼三D会让眼睛很不舒服等。

早在1922年，就已经诞生立体的三D电影了，历经几十年的孕育，终于在日夜精进的影视产业领导下，带领着世界潮流迈向成功

# chapter2
## 世纪争霸的"商业布局"

裸眼 3D 的发表会

的立体三D商业时代。所有的所谓大师级"国际导演",有哪个不想挑战一下拍摄立体三D电影,尤其是在美国好莱坞推出《星际大战》《侏罗纪公园》《变形金刚》《魔戒》《阿凡达》《哈利·波特》等叫好又叫座的立体三D电影后,好像不拍摄一部立体三D电影,就不是国际级导演似的。

这波浪潮也让崛起的中国影视市场,不落人后,《捉妖记》《美人鱼》等一部部立体三D电影,不但屡破首映票房纪录,更写下中国电影有史以来的票房卖座纪录,带动了中国的电影产业,无不往立体三D制作大力迈进,更别说带动了多少立体三D剧院的诞生及相关产品的热卖。

可是在西方、东方都造成风潮的立体三D影视市场环境下,世界级手机大厂推出的立体三D手机为何个个铩羽而归,灰头土脸呢?为什么"神人"乔布斯,在全球MP3泛滥时,将亲生子麦金塔Mac计算机打入冷宫，全力打造iPod——一个贵族用的MP3播放器，就可以席卷全球市场呢？

这令人百思不解的谜团，该如何解开呢？是否要回到"裸眼"立体三D手机产品的本质，去深入了解这个产品的"核心价值"以及站在"消费者的立场"抓出能让消费者想换二D手机冲动的"动力"，就如同芬兰"愤怒的小鸟"的biuuuu……引爆虚拟键盘，使指滑触控时代急速来临。

**日系裸眼3D屏幕的展示**

或许以这样的逻辑去耕耘"愤怒的小鸟"的本质，创造出全新的"裸眼"三D手机独有的应用项目，就有可能如击垮传统按键式手机的苹果iPhone一样，又开启新一页的"行动装置"革命，让二D手机屏幕的时代走进历史。

那么，"裸眼"三D有没有这样让消费者换掉二D手机冲动的"东西"呢？

在2010年台湾的电子展里，就已经有几家不同的公司展示出好几种"杀手级"的"裸眼"立体三D的技术。可是在推广此技术的布局上，只看到这些厂商都以传统的商业方式进行说明，就如同发明"透明玻璃投射式电容技术"的触控屏幕、实现苹果打造全球疯迷的台湾宸鸿光电一样，在没有遇到苹果时，只能等待时机，等待伯乐，等待下一个苹果的青睐。

## 如何挑战谷歌的安卓？

这些看来已经成熟的技术，是有机会挑战谷歌的安卓的，当然也需要适当的商业模式，就如同全息频谱的频卓一样，来打造一个全新的操作系统三D卓，设计自己的三D智能型移动电话、装置等产品，安装三D卓的智能型移动电话及装置。或许这个让消费者换掉二D手机冲动的裸眼三D装置，有机会让现在的二D操作系统——谷歌的安卓、苹果等，通通走入历史哦。

这样说起来，好像什么都要自己来，要有杀手级的技术或发明，还要有自己的频卓、三D卓，哪有这么多的资源及本事啊！

这种设想说起来很轻松容易，实际执行起来却困难重重，像海市蜃楼般，或许是遥不可及的梦想吧！

其实，早就有一些看似已埋入坟场的狠角色，却有一身好本领，只是一时被巨石镇压，正等待往西天取经的唐三藏来解救出山。这些备齐了本事，等着护送唐三藏，一起求取真经的齐天大圣们，以诺基亚的Symbian OS、微软的Window Mobile为代表，还有惠

# chapter2
## 世纪争霸的"商业布局"

普的Web OS,火狐Firefox OS等。

  这些尚未出世或是目前困坐愁城的狠角色,只因握有它们的公司,还没有通透到、领悟到、计划到,该往哪里去、往哪方面生根、与哪个伙伴结缘、该怎么布建可以与谷歌的安卓、苹果的iOS,一较高下的商业模式。

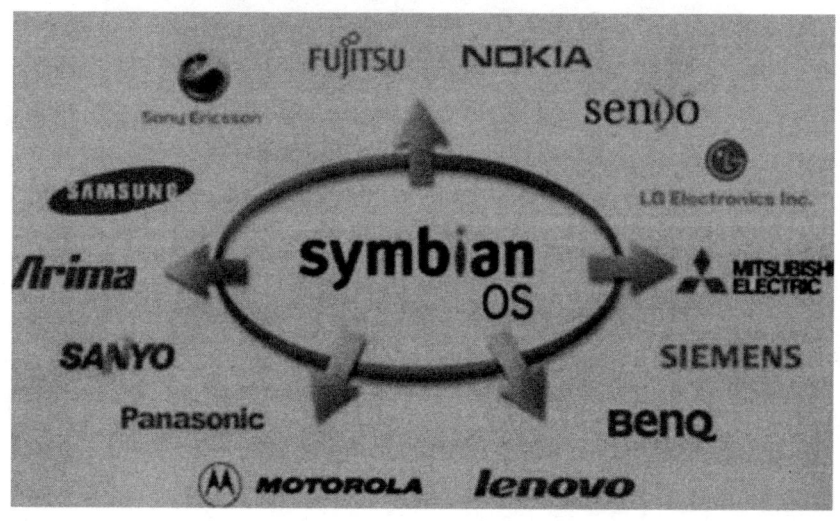

诺基亚 Symbian 操作系统的合作伙伴

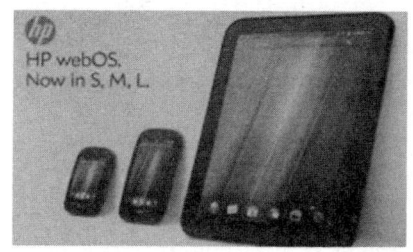

惠普的 Web OS 操作系统

火狐 Firefox OS 操作系统

是这些公司没有人才来规划吗？其实哪一家不是人才济济啊！或许是这些公司已经放弃了决斗或是另有打算？要不，就是公司虽然人才济济，但没有决策级的高层愿意以虽千万人吾往矣的态度，来解封压着齐天大圣的巨石。其实若能精确地确认这些齐天大圣的核心价值，它们都是可以凭借自己的好本领打下与谷歌的安卓、苹果的iOS，相抗衡的天下，只是这些齐天大圣们，还没遇到唐三藏。

当然，那些已经成熟的裸眼立体三D的三D卓、全息频谱的频卓、无储媒的无毒手机等技术，与这些齐天大圣们合作，也是一个争天下的机缘。哪一个领风骚的霸业，不都是有绝世高人的加持与提携，才成就大业的。

微软与黄氏兄弟的机缘、安卓遇到谷歌的提携、苹果洞察的天机又遇到中国台湾宸鸿的机运。这些都不是偶然，而是技术、产品早已准备好，就等天时、地利、人合三种条件具备时的商业模式，就等"唐三藏"的到来，而或许"唐三藏"就是已经准备好的你喔！

# chapter 3

## "核心价值、商业模式"决定事业高度

## 解决物联网问题的大商机

说到全世界第一个搜寻网络程序,当然要提到当年在斯坦福大学读书的美籍华人杨致远,他因为学习、功课的需要,再加上自己与同学大卫·费罗的兴趣,而利用自己的计算机及网络设备所创造出了这个搜寻网络方程式。

他的初衷极为单纯,就是要方便课业上的作业,而将一个原本属于自己独家使用的快速网络搜寻程序,公开放置在学校的主机系统上,让所有史丹福的学生们都可以使用。没想到这个无私的美意,却让斯坦福大学的主机及原本就还谈不上什么带宽的系统大宕机,这个大宕机,却创造了现在网络的快速搜寻商机。

这个技术,在还没有快速搜寻观念,甚至是网络发展还属于原始人的时代,就让每个细胞都灵敏、又有冒险特质的美国投资商人嗅到了大商机,尤其是在计算机科技领域独到的美国红杉风险投资公司加入开发,又得到韩裔日本人孙正义的软件银行等的资金挹注,不但让因特网快速地迈向国际化、全球化,也为网络搜寻的雅虎（Yahoo）王国，打下全球化的基础，当然也开启了互联网，甚而进入到现在的物联网时代。

除了雅虎，首创全球网络搜寻先锋的奠基、物联网的启蒙，还有于1995年由工程师皮尔·欧米迪亚所创建全球第一个拍卖网站（eBay）、入门网站网景（Netscape）、微软（Internet Explore）等、提供网络服务并与美国银行合作率先发行第一个网络信用卡的美国在线AOL，及靠网络卖书而后成为最大购物网之一的亚马逊，当然不能漏掉自1985年创立公司起，就不采用传统经销制度，而直接将计算机销售到用户的直销式商业模式，并于1996年建立网络销售的美国戴尔（Dell）计算机等。

美国在线公司

这些抢得网络购物先机的领航者，立刻遇到一个棘手的问题，就是购买者如何付款。美国在线率先提供的网络信用卡，可以让买家在网络上付钱，可是买家的问题是：网络上付钱，要输入信用卡的号码及机密的个人资料，若是在输入时被有心人剽窃、盗刷，该怎么办呢？

这是所有不愿在网上购物的消费者最大的疑虑，自然也是网上购物无法发展的最大原因，加上当时几乎每天都有让全球计算机死机的病毒流窜、剽窃个人资料的后门程序及木马程序的入侵等，全球都是以头条发表黑客、病毒的新闻，是你也不愿意冒被盗刷的风险，在网络上用信用卡购物吧！

解决问题就是商机，解决大问题就有大商机，如果有一套安全的网络付款机制，让消费者可以安心的用信用卡在网络上安全购物，没有数据被剽窃、泄漏等风险，这样的机制可以抽取网络卖家及银行百分之一到百分之三的手续费，岂不是要赚翻了啊！

于是，这样的机制诞生了，那就是我们熟知的，由网景（Netscape）创建的网络安全认证SSL Secure Socket Layer，以及提供的网络支付Cybercas，及后由Visa、Master两大信用卡公司共同提出的电子安全交易协议SET Secure Electronic Transaction。透过买卖双方建立共同管道的Palpay，以及各种的电子交易工具，让网上购物、交易有了一个安全交易的环境及机制，也促使网络购物、交易

网景创建的网络安全认证 SSL （Secure Socket Layer）

# chapter3
## "核心价值、商业模式"决定事业高度

得以有突飞猛进的发展。全世界经营网络入口的公司，也竞相投入这个将会改变人类传统交易模式的网上购物、交易市场里。可是，每天产生的交易纠纷怎么办呢？有交易就会有纠纷，这不是网络经营者一方的问题，是买卖双方的问题，要买卖双方自己去解决。

尚未成为全球经济大国的中国，当时正在改革开放的总设计师邓小平的领导下，展开人类史上最大的经济改革工程，由有着一个皮包走遍全世界打拼经验的中国台湾生意人率先呼应，开山披棘做先锋。很快的，中国就往世界工厂的目标前进着，在当时，来自全世界有如过江之鲫的商人，无不涌到这个刚刚与国际自由贸易世界共同呼吸着相同空气的大陆工厂。

这时候，一个月薪仅有160元人民币的英语老师，在与前东家理念不合的状况下，放弃原本的合伙人兼总经理职务，带领着一群只能用理想充饥的梦想小将们，蜗居在杭州西湖边的老旧小公寓里，夙夜匪懈地为了打造华人的网络商城而奋斗着。

终于在他们的共同努力下，成就了第一个华人的网络批发、买卖平台。而这个网络平台，正好满足了来自全世界有如过江之鲫的商人的需求，让全中国的生产、批发、制造业等，有了一个可以与国际交流的平台。这就好像是印度神话故事里的小人物一样，经由这个网络平台，就可以让中国的零售、批发、制造、贸易等商家和全世界所有的商人，都成为发现财富的阿里巴巴（Alibaba），而领导打造这个挖掘财宝的阿里巴巴平台，让全世界商人、中国的商家和工厂都梦想成真的英语老师，就是后来成为中国首富的马云。

几乎所有到大陆采买、贸易的国际商人，无不用这个平台与中国公司、工厂、贸易商人联系，也让中国甚至是其他地区的工厂、贸易公司，都竞相加入阿里巴巴的平台，没有加入这个平台的工厂或贸易公司，有可能就会关门歇业。这是生存与否的影响，不但极为重大，更影响到所有的贸易推广渠道，例如外销杂志、黄页杂志、贸易展示中心、贸易协会等。

因此更多商人各显神通地与大陆相关人员紧密往来，以保住既有的商业领域，开拓更大的商机。就这样，改革开放二十年不到，中国就跃身为全世界的工厂。

如果阿里巴巴的马云，仅仅想打造一个如同全世界其他已存在的网络交易平台，那他的梦想也算实现了，但是很快的，将会被长江后浪给淹没。一个能看到未来商机，又会吸纳众多相同特质的伙伴，并能义无反顾地努力往前迈进的领袖，在顺境中，会更小心翼翼如履薄冰地迈步前进。像是一手打造苹果麦金塔计算机的乔布斯，从没有因为成功了，钱多了，而沉溺在物质的享受中，反而从全录公司研发的图形接口技术，创造了全球第一个图形接口和独一无二的麦金塔计算机，苹果的图形操作系统，也正是乔布斯靠机敏的才思创造出来了的，而苹果公司得以一直领先全球，正是有这个能看到未来，并能义无反顾的努力往前迈进的领袖乔布斯。马云是不是也有这样的特质，我们无法加以评判，可是他接下来做的事，却也像乔布斯般的洞察先机。从阿里巴巴的采购、批发平台，马不停蹄地再创造以网上购物、商城为主的淘宝网、天猫网，为安全交

chapter3
"核心价值、商业模式"决定事业高度

易而创建了第三方付费机制的支付宝、为协助所有的公司集团整理讯息等数据服务的阿里云、为了让买卖商品的运送更为迅速、安全、方便而建置的物流系统,及由支付宝延伸出的以消费者立场所创立的蚂蚁金融服务等,就可以看出,马云在以阿里巴巴网络平台为核心价值扩建更大的布局,及创建出全新而系统的商业模式。

阿里巴巴集团的行业分布图

全世界第一个具备完整交易的第三方支付安全机制,源起于台湾。当时从事电信相关产品的人,为解决当时网上购物所产生的买卖纠纷,用每一个人电话号码都不同的特性,创造了第三方安全交易机制。

第三方支付平台的文宣

在网上购物、交易的市场里,每天产生的交易纠纷怎么解决

呢?当时的交易纠纷不是网络本身的问题,而是买卖双方的问题,因此应由买卖双方自己去解决。可是这样的交易方式,让网络交易处处充满了危机,无论是买家或是卖家,都必须面临到被诈骗或是拒付款的纠纷里,不但买卖双方要提心吊胆,对网络平台提供的服务也抱怨连连,可是能怎么办呢?网上购物的经营者也只能推出优良网络商标章——一种消极又毫无安全机制可言的方法。

解决问题就是商机,解决大问题就有大商机,这个商机没有被全世界的网络巨擘和经营者们发现,却悄悄地在制造全世界最先进计算机的中国台湾地区,由经营电信相关产品的人率先揭幕,并投入实际的运用中。

这是根据每个人都有不同的电话号码所建置的机制,是由虚拟账号所创造。让一个具公信力的经营者、政府、机关、银行、金融机构、邮局、电信公司、保险公司等,都可以成为第三方支付的交易安全经营者,由此虚拟账号,给予网络卖家一个独有的代码。汇入此代码的款项,会汇入到这个具公信力的经营者或中间人发给的代码账户里,待确认收货、确认交易完成后,才由此具公信力的中间人所保管的代码账户里,拨款到网络卖家的账户里,让此交易通过第三方平台的支付,而达到买卖双方交易行为的安全。

由于此虚拟账号机制,是由具公信力的中国人提供给网络卖家独有的代码,买家由信用卡汇款、转账时,再输入自己的电话号码,因此这笔订单是由哪一位买家下单,卖家要与买家联系,确认买家购买的商品等,都因为有买家独有的电话号码而相当的方便。

最重要的是，此笔交易的款项先由具公信力的第三方平台保管，待确认交易无误后，才将款项给卖家，避免已付款的买家收到不满意的商品而造成纠纷。这样的第三方付款安全机制，当时被提供给台湾的"中华邮政"商城、新浪网、诚泰银行等，而率先采用及实际运作，是在台湾清华广告公司的李俊雄先生及董志谋总经理安排的台湾统一集团杨明井先生，与台湾华南银行给予的支持下进行的。

**大陆的支付宝**

这个虚拟账号机制，使全球任何一个具有公信力又能让消费者信任的单位、政府、公司、团体、机构、组织等，都可以立刻成为第三方支付平台的中间人，这种机制不但立即协助解决安全交易的困境，更让戮力要突破第三方支付平台得先要再由政府立法的网

络、金融等行业，立即实现第三方支付平台的安全交易制度，也让这个由每个人独有的电话号码所建置的第三方支付平台重现江湖。这个被杂草、灰烬掩埋的第三方支付平台，可以在台湾专利局，2002年的一种汇款及转账的规格里找到。

　　想想！每一笔在网络交易的资金，都由经营第三方支付平台的中间人来处理，不再由淘宝、支付宝一家独享市场，全球的商机有多大啊？

## 预见未来，绝对不是特异功能

预见未来，绝对不是特异功能，却一定有对生活、现状的不满足，如同第一代苹果计算机的发明人史蒂夫·渥兹尼克，在苹果成为全世界霸主的时候，他接受记者采访时说，乔布斯在第一代的计算机设计上没有贡献，因为他当时不懂软硬件。比尔·盖茨的MS-DOS，也是源自于西雅图电脑的86-DOS、马云也不懂程序设计，而他们的共同点是，能预见未来。让第一代苹果计算机商业化，以及让全世界第一台图形接口计算机问世的是乔布斯；看到个人计算机起飞并精密布局的是比尔·盖茨；第一个实现第三方支付平台，又能够强势主导买卖秩序的是马云。也因为他们在生活及失败中的不断地累积，以人性化角度来思考解决问题的能力，而造就了预见未来的能力。

就像老师在教导学生的时候会说：这个人很聪明，聪明怎么来的呢？聪明是教育来的，是学习学来的，是读书读出来的。老师又说：那，精明呢？精明又是怎么来的？精明是算计来的，凡事多算计，渐渐地就精明了。那智慧呢？智慧怎么来的啊？智慧是反省来的，在所有的事物里、失败里、不甘心里、虚心求教里，反省出最适当的态度、方法，就是智慧。

**鲁迅与胡适都重视反省**

在这个物联网已经主导我们生活的时代里，尤其是由德国联邦教育及研究部、联邦经济及科技部联合资助，并创造的第四次工业革命，简称工业4.0，正引领着全世界的制造业、生产业、批发、零售通路业等，以计算机化、数据化、智能化、网络化等的智能型态向新世纪新领域大步迈进。虽然这样的架构还在摸索中，也还有好多待解决的问题，可是工业4.0的领头羊——互联网+的商机，却是

# chapter3
## "核心价值、商业模式"决定事业高度

如冲天火箭般的蓬勃起飞，包含互联网+商品、互联网+娱乐、互联网+教育、互联网+环境、互联网+医疗、互联网+电器、互联网+农业、互联网+保全、互联网+气象、互联网+保险、互联网+金融，互联网+感情，甚至是互联网+生理需求等。

顺应这个形式而起的各种云端、大数据、应用程序、机顶盒等，都在如火如荼的攻城略地中。或许每一个坠入到互联网商机领域里的公司、经营者，都想要成为霸主，像苹果、微软、谷歌、索尼等国际巨擘的云电视、机顶盒方案，或是各地方性的有线电视系统Cable TV，或是制定第五代无线通信协议五G行动系统等，都在抢夺这个大饼。也许又有如同比尔·盖茨只需在家喝咖啡，视窗软件由厂商安装在个人计算机上，就由厂商付钱的大暴利"商业模式"再显灵也不一定。也许有一个以共享资源的观念所打造的合作模式会拔得头筹，一个正在厦门龙岩的"互联网基地"已经悄悄诞生。

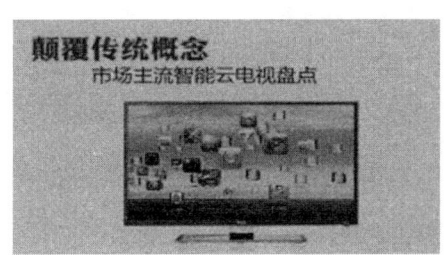

机顶盒的图示及画面

厦门龙岩"互联网基地"的诞生，首先上场的是执全中国三C

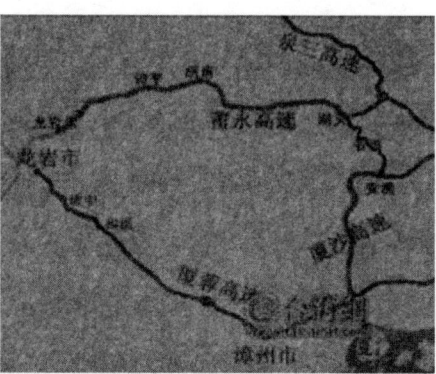

厦门龙岩的"互联网＋基地"

电子商品市场龙头的深圳，二十年来以爆炸式的效率发展出独步全球的深圳模式，包括了各种各样的三C电子新产品：MP3、MP4、蓝光播放器、二D手机、三D手机、平板计算机、裸眼三D屏幕、各型服务器、交换机、控制设备、监视器、摄制设备、医疗器材等。

深圳总是以其惊为天人的姿态立即展现出超强的创新能力，生产出性能远超正品的"山寨品"，让全世界各地的慕客买办满心欢

# chapter3
## "核心价值、商业模式"决定事业高度

喜来到这个由财神当市长的深圳,而大发利市,也造就了神话般的深圳模式。不但有极完整的上下游供应链及极快速的研发团队,更有许多超越原厂的技术让类似山寨产品、技术更胜于原厂。其中的许多技术、设计等,不但被采用,更渐渐成为主流,例如手机的双卡双待技术、多焦摄影技术、车用立体摄影技术、裸眼三D技术、家用机器人、无人飞机、远端遥控、远程管理等。就是这个深圳模式,延伸到了厦门龙岩,孕育了新时代的"互联网基地"的诞生。无论是哪一个领域,互联网+商品、互联网+农业、互联网+保全、互联网+娱乐、互联网+气象、互联网+保险、互联网+教育、互联网+环境、互联网+金融、互联网+医疗、互联网+电器、互联网+感情、互联网+生理需求等,都有来自全中国的佼佼者,带着团队领头建造。尤其是居家机器人的研发技术,已经被好几个国家级的经营居家老年服务领域的机构采用,并以完整的管理、监控、内容及云端等一条龙的平台,供应给全世界的经营者独立营运。网络整合及技术、建置上,更以升级的OTT Over The Top平台技术,整合电信网、广电网、互联网等三网融合,打造新时代的OTT平台,提供多方面的多媒体服务,目前正由欧洲的华文电视台为示范中心,展现到全世界。

其他还有与联通电信共同打造移动的互联网医疗服务平台,与优拓集团、万利达集团合作建置的互联网教育系统,及农业、保全等其他领域的互联网平台。

整合各领域精英汇集厦门龙岩的"互联网+"基地,从厦门启

蒙后深耕深圳二十年，并引领同样以深圳模式供应全世界的赛特（Scitek）集团董事长马成章，一个以不断创新研发并能以服务为宗旨的企业家，正在与厦门龙岩的"互联网+"基地的伙伴们，往创造"互联网+"的新纪元迈进。

解决问题就是商机，解决大问题就有大商机，谁能解决互联网可能造成国家安全、机密泄漏的问题呢？也许正是这个在厦门龙岩崛起的"互联网+"基地，哇，这个商机有多大啊！

## 能源的深思

1986年4月26日，当地时间凌晨1点23分47秒，几乎所有人都在睡梦中时，一个影响欧亚大陆，死亡人数至今已超过30万人的地狱式灾难发生了，就是发生在苏联乌克兰的切尔诺贝利核电站的大爆炸。

30万人或许根本是没有感觉，也来不及与亲人话别，就瞬间死亡了，真正痛苦的是后来因核辐射病魔缠身而带着病痛走向死亡的人，他们要忍受苦痛好多年后才能解脱。

于是科技日新月异的各国、维护地球环保的团体等，开始反思核能对人类是福是祸。所有已经或即将要用核能发电的国家，重新以安全为最高原则，再三查验自己国家正在使用及将要建设的核电厂，不断加强所有可能引发爆炸的因素重视程度。这不仅关系到自己国家人民的生存，还关系到整个地球生态的问题。

就在切尔诺贝利核能发电站大爆炸的25年后，2011年3月11日，核能发电设计、预防、维护、演练、救灾等，都是全世界最安

苹果数据中心的燃料电池厂　　　　　韩国打造的燃料电池厂

全、最用心的日本福岛核电站，受到日本宫城县外海发生9.0级的大地震影响，发生了炉心熔毁爆炸、大量辐射外泄的核灾事故。灾难发生在全世界公认最注重安全，一再演练善后的日本，这回同样毫无办法。不仅如此，更在善后的处理应变上，表现得荒腔走板。这再次让人反思，现阶段的人类有没有运用核能的能力及技术呢？更别说每天产生的核能废料要让后续子孙用几百年来处理。难道我们一定要采用会对人类、对土地、对地球、对万物造成如此伤害的核能源吗？难道没有其他安全的能源替代吗？

　　工业革命后，现代文明崛起，人类很早就因为大量使用煤炭而

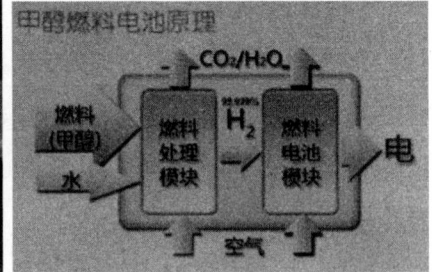

中国大陆的巴士使用的燃料电池及说明图

造成污染,从此不断地在找寻新能源。后起的石化能源,更造成保护我们的臭氧层被破坏、化工毒物产生,地球生态失衡、物种灭绝等,各种地球、你、我都无法再承担的伤害。

而能与地球共生共存的所谓无污染绿色能源,风力、水力、海浪等的发电技术,都还无法满足人类文明的需求。近几年大量采用的太阳能发电,也必须先承担制造太阳能板所付出大量污染等极大的代价,人类有没有更好的绿色能源呢?

20世纪90年时代起,全世界有几个地区,像美国华盛顿州的斯图尔特岛、日本北九州岛等,就已经在推广一种早就运用在美国和苏联太空探测、航天飞机等发电设备的燃料电池发电技术,并以示范区的方式建置中。这是一个可以通过水处理产生氢,或是直接以氢气作为燃料的发电能源,已经有谷歌、沃尔玛等全球几百家国际大厂采用,德国宝马、日本丰田等汽车大厂,也于2015年推出了燃料电池汽车。燃料电池,一个只会产生热及水的绿色能源,极有机会成为供应现代文明最重要的能源,不但可以用在住宅小区里,更可以取代现在供应电量大、区域广、几十万家庭区域用电的发电厂。

我们怀着感恩的心期盼所有的发明家、国际大厂等,可以引领我们快速而全面使用这项与自然共舞的燃料电池,带领我们进入新能源的世界。

# 电动机车引爆全球的新商业模式

有一天，一位朋友邀我去参观一个由许多百亿规模的集团、公司都加入投资的创新设计电动摩托车公司。这个在全球电动摩托车已经问世十几年的后起之秀，很有企图心去开疆辟土，跃马国际，一定是有独步全球的设计，才得以让这些纵横国际沙场的百亿股东们投资支持。

或许采用不会对地球造成伤害的新电池，锂铁电池或燃料电池，来设计的新电动摩托车，会取代现在还是以汽油或铅酸电池为能源的摩托车，成为以后的摩托车主流。但在这之前还是要能够被消费者认可采用，并要有足以维持营运的规模，才得以站稳市场进而挥师全球。更何况，已经站稳市场的世界名牌摩托车大厂，中国的三鑫、中能、大运、豪杰、大阳、钱江、三迪、五洋等，日本的光阳、三阳、三叶、铃木、川崎，德国的宝马BMW、ABC等，美国的哈雷、Motus等，意大利的Vespa、Ducati、piaggio等，怎么可能轻易地让一个名不见经传的新品牌来分享市场份额。

# chapter3
## "核心价值、商业模式"决定事业高度

然而,诺基亚、摩托罗拉等霸占手机市场十几年后,遇到苹果的神人乔布斯推出iPhone及芬兰的"愤怒的小鸟",也不得不结束了他们的王朝,拱手让出移动电话世界霸主的宝座。太阳底下没有永远的国王,或许有一个商业模式,可以如神人乔布斯策划的一样,让一颗名不见经传的小种子,在杰克的栽种下,从一片参天大树群中,长成连接天国的魔树也不一定。

1965年意大利VESPA摩托车

Vespa 原创的"前空式"车型

35cm铁制黑色哈雷机车　HS186

哈雷的"跨坐式"的车型

全世界的摩托车,大概就是两种外形,一种是国际重型摩托车大赛所用的"跨坐式"车型,一种是由意大利Vespa原创,后被所有电动车采用的"前空式"车型。可是设计无论怎么改变,这几十年来为刺激购买推出的新款还是大同小异。所有销售模式,也都大同小异。只有用铅酸电池的电动摩托车在中国崛起时,相应地,有一些只需充电,不用再去加油站加油的不一样推广方式出台,才出现了新品牌各领其风骚的较量,可还是脱离不了传统的推广销售方式:一部摩托车卖多少钱,电池卖多少钱,招牌由摩托车公司补贴给经销商等。

网络崛起后，世界已进入物物联网的互联网新时代，或许这正是一个绝佳的机会，可以构思新时代的互联网+摩托车，策划一种完全创新的商业模式。或许有可能，让有机会成为主流的锂铁或燃料电池的新时代电动摩托车，成为全世界新时代摩托车的霸主也不一定。

要如何策划这个有机会成为世界主流的新时代的摩托车，当然要深入探索这个新时代摩托车的核心价值。

新时代摩托车仅是一台摩托车吗？只是一台交通工具吗？世界已进入到物物联网的"互联网"新时代了，或许新时代的摩托车的"核心价值"，就在"互联网+摩托车"的概念里。绝不能以一台交通工具来思考新时代摩托车的"核心价值"，或许可以用超越一台交通工具的高度，来设计包含安全、防盗、使用方式、走过的路、谁使用过、如何保养维修、如何进化等的功能，尤其是与不同行业的合作上，如保险业、治安业、旅游业、运动业、运动用品业、文创业、影视业、族群业、网络社交业、流行商品业等的各种合作，都可能产生出相当多的商机。或许也会是如同乔布斯打造苹果的iOS平台，会打造出创新的"互联网+摩托车"平台，也不一定。

## 物物联网的互联网时代

新时代里，越来越要求产品更换检修的简易化，甚至是全部以模块化来设计。

或许新时代的摩托车，也可以如同苹果的iPhone一样，采取只换新、免修理的策略，让所有经销摩托车的经销商，都如同是汽车的保养服务中心，客人在舒适现代化的接待中心，一边享用免费的茶点，等着摩托车在线的师傅，在极短的时间内快速地更换电池、零件、配件服务，一边想象着这台摩托车骑出去，又会引来其他的摩托车骑手、路边行人再次侧目，他享受着大家的注目礼，就像在星巴克使用苹果的笔记本电脑，会让人觉得这个人有不同气质一样。

这样的规划，不但让所有摩托车的经销商提升到了新的档次，不再是大家所认定的黑手业，而是服务业了。而新的经销服务模式，还有着做得越久收入越多的前景，让现有以黑手、修理为主的经销商蜕变，经由仔细的策划、恰当的布局，就有机会造成僧多粥少的形势，让想要蜕变成服务业的经销商纷纷争取加入的竞争，不但让换电池的服务布局可以顺利达成，更在整体完善的经销制度中，成为新时代电动摩托车的经销商，如同开星巴克咖啡店，是让人可以羡慕的行业喔！

新时代的电动摩托车，经过更深入的规划，已经不是在卖摩托车了，它是在卖时代、卖流行、卖每个人可以贴近实现的梦。一个新时代电动摩托车的经销商，也不仅仅是经销服务商，而是可以有自我体系的大家长，不但是新时代电动摩托车所有车主的守护神，更是区域领导者。

经过各个经销商、经销体系差异化的规划，让这个经销商有着独有的体系、标识系统，而这个差异化，更让所有新时代电动摩托车的车主，拥有的不只是一台电动摩托车，而是一台可以珍藏、传世的"宝贝"。它不只是陪着车主度过多少个寒暑，而是有着与车主在这几个寒暑走来所有的轨迹及故事，就像在星巴克买的咖啡杯，有着与主人的舌尖共度的难忘时光一样。或许这个创新的"商业模式"，根本不是用买卖的方式来推广新时代电动摩托车，而是以极低门槛就能获得属于自己的这台"宝贝"。在车主与"宝贝"相处的日子里所付出的点点滴滴，不但可以让新时代电动摩托车的营运商，有超过传统买卖方式的营运收入，更能让每个车主来灌溉自己与"宝贝"，与这台新时代电动摩托车，共同写下属于自己的故事。

新时代电动摩托车还有好长的创新研发之路要走，创新的"商业模式"除了要先站稳市场，顺利开展全球的布局，重要的是，必须持续地投入在创新研发上，就如同吉列、舒适刮胡刀一样，一直要推出耳目一新的新品种，尤其是在生电、充电、环保等的技术上不断进步。可预期的就是，先由锂铁与燃料电池的领域再进化，也许加水就可以通过处理水而产生氢气，供给燃料电池产生电，储存在蓄电池里，再供应给电动电力能源，或是引进、研发车轮转动时也可以发电的技术，或是驰骋的风吹，行驶间的摆动等，摩托车就可以产生电的技术，甚至是机壳经由阳光或是风触，也可以产生电的创新技术，也都是可以期待并实现的。这些创新的研发及技术，还不只可以用在摩托车、汽车，甚至是所有的发电运用上。

我们相信在神人乔布斯的启发，吉列和舒适刮胡刀创新的引领下，一定有机会打造这个新时代电动摩托车的全球营运新商业模式。我们只有一个地球，怀抱一定要与这个地球双赢共存的前提下，新商业模式将会逐步实现的。

## 人造血小板带给人类的贡献

正在手术室等着二次输血的小宝,终于有同血型的家人血液可以输给了,可是突然听到医师说,有可能会输入无效,小宝的家人既惊讶又担心地问:同一家人的血液,怎么可能会输入无效呢?

这是全世界所有需要输血的病人,都会遇到的状况。输血,是有可能输入无效的,就算是同血型,即便是同一家人的血,都有可能会输入无效。第一次还好,第二次以上的输血,输入无效的比例是很高的。

自有外科手术以来,输血一直都存在医学界无法克服又无奈的问题,除了血液分A、B、O、AB等血型之外,还有隐性因子、细菌感染、保存输送、不明抗体、取得困难、输入时机、输入无效、输入过失等的问题。尽管有这么多的问题,输血还是医疗领域里,必要且最重要的一项。

需要输血的情况很多,目前全部都应用在发生需要输血的情形时,才在病人或家属签署了输血的同意书后进行。而就算签了同意书，若是输了血，还是没有解决问题，医院或医师有可能面对病人或家属的控告，你看！这个输血领域多么地令医院、医师、病患担心啊！

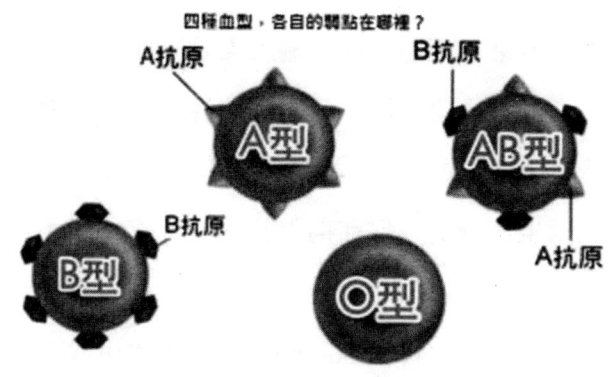

**人的血型及抗原说明**

如果有一个，不用管血型、隐性因子、细菌感染、保存输送、不明抗体、不管输几次都不会输入无效的"人造血小板"问市，那有多好！

如此一来，不但可以大量生产制造，还可以立即让那些需要输血的病患获得救助，甚至在还没有开刀或是化疗前，就先输入"人造血小板"，以预防开刀失血，或是血小板不足的状况出现。

还有在车祸的时候，让到场的医疗人员，立即做输入"人造血小板"的急救，以避免送往医院救治的时间过长，而耽误了急救。实时输入"人造血小板"止血，可以延长急救的时间，更好的是，因为"人造血小板"可以加入"铁"的同位素，让急救的医师通过急救器材诊断后，立即找到出血的位置，并进行止血的医疗行为，可以对现行的医疗方式做出相当大的提升与改善。更别说开刀手术的渗血状况，因为无法找到出血位置，而延误了救治。

　　这样的"人造血小板"也可望降低医院、医师与病患之间的纠纷。医师不需要顾忌是否给予输血医疗，病患也不用担心血型、隐性因子、细菌感染、不明抗体、输入无效等的疑虑，甚至还会考虑，是否在手术前或是化疗前，先做预防性的"人造血小板"输入医疗。"人造血小板"的问世，不但是对医疗救助有极大的改善，也因为可以大量生产制造、保存期限长达两三年，而不会有血库存量不足的问题，对现有以捐血为主要来源的状况，有极大的改善及提升。唯一的遗憾是，有可能因此而让全世界再也没有捐血车了，伤心的是那些发愿要捐血的善心人士了。那就让他们直接捐"人造血小板"，哇！这是谁提议的，颁发给你诺贝尔和平奖哦！

　　　　　　　　　　　　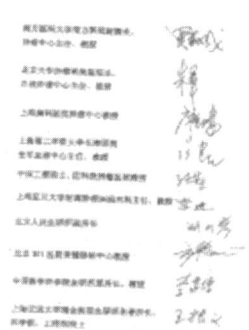

　　　李家增教授　　　　　　　药监局的批文　　　　　　院士的联名信

　　以上的介绍，已经由二十年的研发、测试、实验，并完成人体的三期临床实验，目前正在准备上市救人。可是，要怎么推广销售

# chapter3
## "核心价值、商业模式"决定事业高度

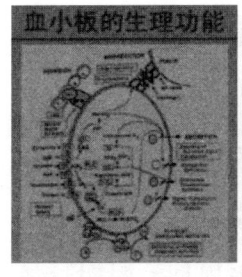

血小板的止血说明

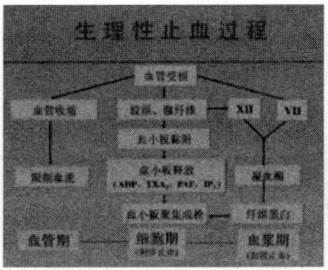

获得药监局定名通过的"人造血小板"产品

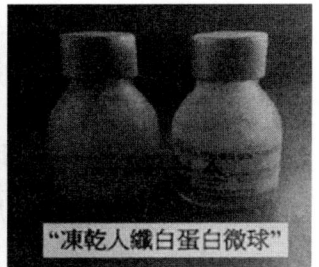

给药监局的简报数据

呢？自己设个厂，生产制造供应全世界？这一定会成为全世界最大的生物医疗公司之一，会有如数不尽的钞票飞来。更何况制造"人造血小板"的成本，比捐血的成本还低，这利润又会造就出新的洛克菲勒、亨利·福特、比尔·盖茨、王健林了。

这样的商业模式是最好的吗？有没有更好的模式呢？

人类自从经历了海上贸易、殖民掠夺的霸权交易之后，以英、美等为首的资本主义国家，百年来领导着人类现代经济社会，让一切都向钱看齐。弱肉强食的生存法则，告诉人们什么才是唯一捍卫自己的最好手段，所有的价值都以金钱来衡量，包括亲情、爱情、友情、人权、自由、平等、博爱等，都不及有钱来得重要，尤其为维护统治领域的利益，大肆侵害、夺取非统治领域的资源、利益

等，也变得理所当然。或许以金钱挂帅的现实资本主义来规划"人造血小板"的商业模式，是最赚钱的，可是也千万别忽略了"人造血小板"的核心价值。此产品极为重要的功能，不但能救人，还能让现在的医疗体制明显大跃进，若是此产品也如微软视窗或苹果的iPhone等，以金钱帝国的逻辑所架构的商业模式来规划，时时计较利润的多寡、经营者的掌控度、股价的涨跌、后续相同产品的后来居上等，这种种现实的条件，会迫使"人造血小板"渐渐丧失问世救人的核心价值，同时也磨灭了发明"人造血小板"的团队带给人类的贡献价值。

**"人造血小板"简报数据的封面**

要成就伟大，是多么不容易的事情啊！不光靠天时、地利、人和，起心动念的想法或许更影响一项产品的"伟大"程度。

"人造血小板"，这个有机会成为人类有史以来最有贡献的

"发明"，若是只着眼在金钱的利益上，是否可惜了呢？难道没有可以匹配"人造血小板"问世救人的"核心价值"的"商业模式"吗？答案是，当然有，重点是要先对"人造血小板"的"核心价值"很明确。提出者必须让共创的每个人对"核心价值"的认知相同，不但要相同，还要让所有有幸参与的起始团队、起始人接受，若是有人不接受，还要满足他的退场条件。若是无法获得共识，要让"人造血小板"问世救人，就遥遥无期了。

这些状况，其实也存在于其他任何行业的合伙经营团队里，因此一个有决定性的权力，让对公司、对人类、对自己最有意义的"商业模式"出世，才是决定一项"商品"的贡献度、影响性等的关键，而不是这个"商品"是多么伟大、多么的不可一世。

我们遥想那些伟大的前辈爱因斯坦、爱迪生、史怀哲、孔子、孙中山等，启示我们以"无我奉献"所表现的风骨时，也期盼如同"人造血小板"这样的"商品"可以带领我们徜徉在"世界和平"的氛围下。

有这样的认知，规划"人造血小板"的"商业模式"，就不是以创造最大的"商业利益"为主要模式来架构了，而是以"立即可以问世救人"来规划。要能立即问世救人，当然先要通过"人体三期的临床实验"，然后在继续进行"人体四期临床实验"的同时，立即在完备并通过国际认证的药厂生产，送往世界各地救人。与此同时，也以无偿的方式，授权给每一个国家所举荐的药厂，将生产制造的技术无偿移转给这些药厂，由自己的国家药厂生产制造后，救治自己国家的同胞。因为是以无偿的方式转让技术、生产等，因此所遇到的阻力也相对最小，或有可能立即受到某些国家的全力邀请，尤其是那些急需"人造血小板"的人口大国印度、印度尼西亚等。

**中国的捐血倡导资料**

还有，并不是所有的国家都有能力自己生产制造"人造血小板"，这时候由"全球人造血小板"的总部负责供应，务必让全世界的每一个国家，都可以无缺乏的保有"人造血小板"的稳定来源。

这样规划的"商业模式"，不但可以快速供给到世界各地去救人，而且在无偿的技术移转下，让每个国家没有生产制造的门槛而快速投入生产。至于这些生产制造"人造血小板"的药厂，因为生产供应到医院、诊所等医疗机构，而获得相当大的商业利益，因此所有获得商业利益的药厂，也需支付一定比例的利益，给"全球人造血小板"总公司，让总公司有更充裕的资金再投入到持续不断的研发里，同时也捐给联合国组织，让联合国组织有源源不断的"人造血小板"供应给所有需要的地方，像是发生洪水、地震、台风、瘟疫、艾滋病、核伤害等自然灾害的地区。这样的"商业模式"是不是较为符合"世界和平"的氛围，就请大家评判了。这样的"商业模式"应该不会有药厂要山寨了吧！正在研发"人造血小板"的单位也许可以再思考出新的"商业模式"，只要是对人类、对万物、对地球有帮助的，都是值得鼓励并支持的，不是吗？

千万不要忽视这样的"商业模式"，它或许能带来更多，而且是超过期望的回报喔。又或许有更好的"商业模式"及衍生的正向效益，例如捐给联合国组织以及时救人的"模式"，可以与"国际红十字会"接轨。还有，或许在联合国组织的支持下，"全球人造血小板"的大家庭可以捐赠更多的资源，给那些有需要的单位。

啊！就在笔者搁笔的时候，收到"人造血小板"对延缓老化、外用伤口运用等效益的新信息，可能要等下次，再跟大家分享了。

花絮：这个"人造血小板"（冻干人纤白蛋白微球）又是如何复活的呢？

在大陆耕耘近20年的世纪新药"人造血小板"（冻干人纤白蛋白微球），自2005年完成三期临床试验后，却遭遇到大陆药监局的飞行检查而几乎停摆，只能等候药监局的指示及消息，主事者也同时想方设法地展开了所有的关系、力量、支持等，以解决这个困境，可是几乎没有任何进展，就在愁云中，重要的研发领导李家增博士，也在遗憾中过世了，整个公司几乎陷于停顿了，只靠财力雄厚的董事长俭省地维持着。

2012年6月或许是在董事长虔诚的信奉密宗诸神的引领下，机缘出让这个对救人有极大贡献的世纪新药：人造血小板，也让作者有了参与的机缘，就在作者规划的全新商业模式，以及动员几十个有影响力的朋友共同合作的积极布局之下，联系拜访了十几家大陆的药厂、公司，终于让此药以新的合作模式与大陆的公司合作，不但成功地签订合作协议，也让困顿了八年、独自在大陆寻求解决方法的困境解除，感谢虔诚信奉密宗的董事长给予部分差旅费的支持，重要的是感恩让作者有机会对这项能带给人类有巨大贡献的世纪新药，贡献出一份心力，并期盼新的商业模式，可以追随诺贝尔（Alfred Nobel）带给人类更多和谐，更多和平，感谢也感恩。

# 助　耕

　　宋朝的时候，在杭州任职的大文豪苏东坡，一个雨天经过卖扇子的摊位时，得悉以卖扇子维生、供养父母子女的小贩，因连续的雨天，一把扇子都卖不出去，还欠了债，生活陷入困境。苏东坡让小贩把扇子拿来，亲自在扇面上写字、画画，不一会儿，所有的扇子都卖出去了，也解决了小贩的困境。

**苏东坡画像及扇画**

英国的罗伯特·贝登堡爵士，在南非梅富根城战役的时候，组织训练当地的青少年从事传令、看护、侦查、运输等工作，协助战役获胜。回英国后他还组织青少年，以野外生活的训练方式，培养他们成为健康快乐、乐于助人的公民，诞生了全世界第一个童子军。

1908年冬天，美国出版家威廉·包尔斯，在英国因大雪迷路而焦急万分。路旁的一个青少年，亲自带领他回到了住处，又拒绝了他的酬劳，并说："先生，童子军就应该帮助别人。"因而造就了美国童子军的诞生。

美国童子军

中国童子军

人类的生活中，相互帮助的美事一直在发生，其中最有名的就是联合国组织下的红十字会，而许多经营绩效相当良好的私人集团、公司、企业机构等，也组织了各种的慈善、公益基金会，来帮助需要帮助的人。

无论是红十字会、慈善团体、基金会等，都需要或依靠国家、政府、企业拨出经费，或发动社会捐助等，来维持运作。若是国家财政困难，企业营收下降，都会影响到这些公益慈善团体的运作或计划的推动，甚至会有营私舞弊，或是企业为了节税、财务安排等营私的目的而设立基金会的事情发生。

有没有一个以经营公益事业为宗旨，仅仅凭借自己的"商业模式"就足以支持其"助人为快乐之本"的助人事业呢？

"助耕"，就是在这样的信念下，以公益为宗旨，帮助那些愿意耕耘的人、家庭、企业、团体等的"社会企业"，当然那些想不劳而获的，就不是"助耕"帮助的对象了。

助耕，是集合愿意回馈社会的知名人士、义工朋友，以实际的"助耕"行动，来协助那些"助耕"对象，集合大家回馈社会的"助耕"信念，策划一个可以用"商业模式"来创造营收，将营收的利益回馈到推展各种公益项目的事业。

**助人为快乐之本**

全世界各地，每年都有很多果农、花农、耕农等不同的农夫，辛苦耕作的农作物或因为遭遇灾害收成锐减，或因产量过剩、价格被盘剥等因素，而血本无归，有时候他们宁愿让农作物腐烂在田里，以免去再损失收割的成本。

这些状况不只发生在农业，有多少从事渔业、养殖、牧业等的工作者，也有同样的遭遇。还有多少具有梦想的影视工作者，要卖车子、卖房子，只为完成一部可能没有票房的影片；有多少有理想、有才艺的文艺工作者，无法在舞蹈、戏曲、戏剧、文创、音乐、表演等继续投入，只因为必须先保证温饱生活；有多少为实践梦想而投入自创事业的青年，因为无法优化产品、无法展开通路、后续资金不足、被债务逼迫等因素，而放弃有前途的事业；有多少愿意工作就业的失业者，一直苦无就业工作的机会，尤其是在社会底层的单亲、失怙失恃、文盲或学历低的族群，因为找工作很困难而陷入困境。

"助耕"就是在这样的理念下诞生，它不但协助社会人士，也协助学生。

助耕，是由还在校的学生及社会各界人士共组的团体，尤其是充满理想、活力的学生族群，挹注"助耕"充满活力又生生不息的青春动力。

"助耕"是一个助人为乐的组织，因此成为"助耕"义工的教育及养成，都需要严格的规范，尤其注重品德教育及人生态度、工作态度等的养成。因此想要成为"助耕义工"的一分子，都必须

chapter3
"核心价值、商业模式"决定事业高度

先参加"助耕义工"的培育。在校的学生加入"助耕义工"的工作,除了要适合自己的个性外,也安排符合在校的志愿及兴趣,达到"学以致用"的连贯性。"助耕义工"是有收入的,因此对在校的学生,不但利于学习,同时也有物质帮助。而毕业的"助耕义工",也有毕业即就业的连贯性,对已经在社会有营生的朋友,更可以有一个符合自己的才识、适合自己个性、生活无虞的工作,对降低失业率有一定的帮助。

**四川清江镇协助耕作的照片**

这样看起来,"助耕"好像是很有理想的事业,要如何建置并落实这样的公益事业呢?

"助耕"又是做什么样的"助耕"工作呢?

"助耕"就是在需要的地方"协助耕耘",或是协助从事农业、渔业和牧业的朋友,或是协助所有需要推广的旅游、地方特色、地方产品等项目,或是影视、音乐、文艺、体育、娱乐等相关产业，或是县、市、乡、镇、区等需要包装、代言、推广等的事物等，只要需要协助的，都是"助耕"的范围。"助耕"就是集合大家的力量，一起共襄盛举，一起推广、一起"助耕"。

"助耕"邀请愿意回馈社会的知名人士，组织成为"助耕大使"，以实际的助耕行动来回馈社会，帮助需要帮助的地区、团体与产业。同时"助耕"也协助了"助耕大使"，让"助耕大使"以实际行动来回馈社会的梦想及义行成真。这些社会知名人士在功成名就、获得社会的掌声及光环时，也都希望能够回馈社会。因此"助耕"在助耕的同时，也协助了这些"助耕大使"，让他们的梦想实现，让他们的义行变成永恒。

"助耕"也补强了目前公益团体推广困难的区块，包含资金、代言人、通路、公益项目的规划及受母体公司营运好坏的影响等。

"助耕"同时协助所有赞助者，落实投入公益的赞助义行，赞助的公益类别包罗万象，有宗教、党派、慈善、救济等，或是以基

**大陆协助耕作的照片**

金会的方式,或以隐姓埋名的方式默默行善,当然也获得被赞助者的收据及感谢信。

无论是以隐姓埋名的方式默默行善的人,还是愿意公开赞助义行的慈善家,"助耕"会让每一次的赞助善行都以"传世品"烙印起来,转化成有价格、有价值,不但保值更会增值的"传世品"来保存及传世,一方面可以让后世子孙随时缅怀先辈们的赞助义行,更可以让赞助的"助耕"义行,转化为永恒的纪念。

要如何落实"助耕"的工作呢?在这个"互联网"的世代,当然要运用这个无远弗届的孙悟空啊,建置"助耕网站平台",除了提供"助耕"的项目、内容等讯息、最新活动、商品及商品内容,更包含"助耕大使""助耕义工"的点点滴滴等。

建立包含策划、制作、推广等的工作群,落实"助耕"项目的联络、制作、产出、推广等。工作的内容也包含以影片、报道等模式,记录各个乡、镇、区最值得纪录、报道或宣传推广的事物,落实"助耕大使""助耕义工"到每一个乡、镇、区的"助耕"工作。

建立"助耕义工网",以管理"助耕义工"的相关工作为主,同时也是"助耕义工"的各个组织推广、联系、记录等的平台,并提供加入、培育、养成、教育、辅导"助耕志工"等的相关事宜。

"助耕"是从需要"助耕"的项目、商品等的源头,就开始"助耕"了,无论是农产品的耕种、渔牧业的养殖、艺文影视的制作、观光旅游业等的收成、商品化、商品包装、推广营销等,全部以一条龙的方式来规划。有专业的人士协助"助耕"项目的产出、

包装等所有事宜,还有知名"助耕大使"的参与、加持,自己的"助耕网络平台"与"助耕义工"及与其他机构、团体、组织等,共同来推广。

"助耕"在实质效益上,不但能帮助推广优质健康的娱乐、活动、商品等,并且以商业经营的方式来落实做公益的事业。

"助耕"的通路,也是以商业经营的观念来建置营运,不但自给自足,更要不断扩大"助耕公益"的深度、广度,以永续的"助耕公益"作为所有"助耕"朋友一生的事业。

"助耕"事业有强烈区域性、城市性的服务特质,再加上网络服务的无远弗届,因此"助耕"事业可以在不同区域、城市等来复制,实现示范区域的绩效后,就可以如同麦当劳、星巴克等全球复制的方式,让"助耕"生根全世界。

"助耕"也是一个品牌,我们的吃、喝、玩、乐等与生活有关的项目,"助耕"都可以产出"助耕牌"的产品,而你在消费的时候,也同时就是在做公益。有可能从早上用的牙膏、牙刷,吃的营养品、维生素,喝的矿泉水、咖啡,去玩的旅游行程、住的酒店,看的电影、舞台剧,听的音乐、音乐会,买的手机、电视、车、房、保险,一直到晚上睡的床等,都会有"助耕"的品牌。

"助耕",是由愿意回馈社会的朋友所组织而成的团体,是以实际的"助耕"行动,来回馈社会、帮助需要帮助的地区、团体、事业。

"助耕"是以"助人为快乐之本"的宗旨,来落实对这块土地、这个家园及同胞的关怀及付出,以源源不断的"助耕"成果,让我们的社会充满跃动力,让人人在希望中成长,在圆梦中生活,在感恩、惜福与尊重的环境里挥洒生命。

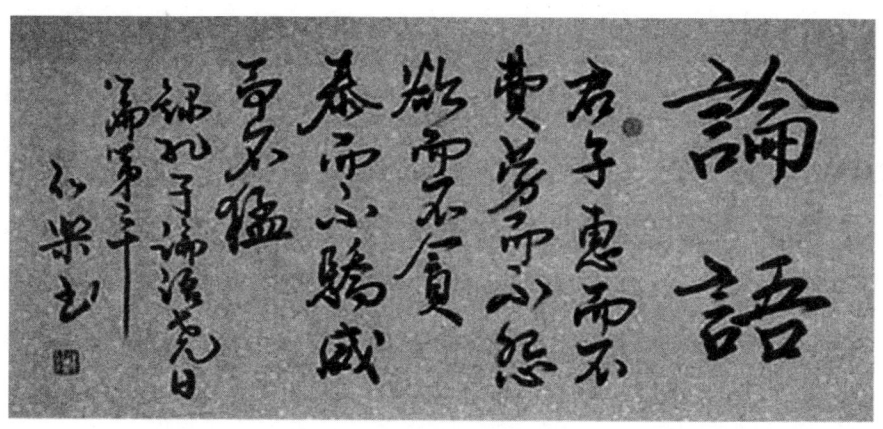

孔子开示的君子五美

# 认识万物波的爱与慈悲

学习万物波爱和慈悲的运行,是拥有生活智能最大的价值。

**万物波的领航宇宙**

现代科学探讨了许多"思想可以产生实相"的理论,如英国物理学家史蒂芬·威廉·霍金提出的"量子宇宙论"。霍金认为最初生成的宇宙是一个比基本粒子还要小的超级小宇宙,它是借着量子理论的"穿隧效应"而突然诞生的。霍金说宇宙是起源于"无",而"无"如果是"混沌"的话,加莫夫的"物质"就是"有"了;从"混沌"的"无"内含物质的"有",就是这两位大师所提出的理论。

但是这两位大师,万万都没有想到,不管是他们所说的是有或是无,都脱离不了万物波的爱与慈悲,这才是最高的起源。没有万物波,万事万物一切都是零。

霍金说超级小宇宙是借着量子理论的"穿隧效应"而突然诞生

的，那么这个"穿隧效应"是什么呢？是什么力量在推动着这个超级小宇宙借着"穿隧效应"而产生宇宙的呢？它是一种无法想象的能量，科学上无法证实它，然而它的确存在着，而形成宇宙的所有物质依循着一定的模式运行，包含形成所有生命有机体都依循着此模式延续生命，我们称它为万物波的爱和慈悲。

我们都知道宇宙的浩瀚，人类虽然也用尽一切的努力去研究与探讨，但实际上宇宙深不可测。所有科学家的研究论述，都有各自学说的依据，然而如何有办法把这种学说都应用在日常生活上，唯一的就是应用万物波的爱与慈悲，才能创造出世界的和谐与平安的生活，这也才是任何学说极力推动的共同目标。

## 万物波的神迹

1982年，法国物理学家艾伦·爱斯帕克特（Alain Aspect）和他的小组成功地完成了一项实验，证实了微观粒子之间存在着一种叫作"量子纠缠"（quantum entanglement）的关系。

在量子力学中，有共同来源的两个粒子之间存在着某种纠缠关系：不管它们被分开多远，对一个粒子扰动，另一个粒子（不管相距多远）立即就产生相对应的变化。

量子纠缠已经被世界上许多试验室证实，许多科学家认为量子纠缠，是近几百年来科学最重要的发现之一，虽然人们对其确切的含义目前还不太清楚，但是对哲学界、科学界和宗教界已经产生了深远的影响，对西方科学的主流世界观产生了重大的冲击。

量子纠缠证实了爱因斯坦无法解释并以"鬼魂般的超距作用"（spooky action in a distance）是存在的，并且也打破了爱因斯坦在生前发表的"任何速度都不会超过光速"的理论。

量子纠缠，不但超越了光速百倍、千倍、万倍，更揭开了我们生活的不再是四维的时空，而是不受四维时空的约束，是非局域的（nonlocal），宇宙在冥冥之中存在深层次的内在联系。

量子非局域性，也表明物体具有整体性。简单地说，量子非局域性是指，属于一个系统中的两个物体（在物理模型中称为"粒子"），如果你把它们分开了，有一个粒子甲在这里，另一个粒子乙在非常非常遥远（比如说相距几千、几万光年）的地方。如果你扰动一个粒子（假设粒子甲），那么粒子乙瞬间就能知道，就有相应的反应。这种现象，超越了我们的四维时空，在四维时空要等到很久信号才会传递。扰动这个粒子，另一个粒子不管有多遥远，立即就知道了。这说明，看起来毫无相干的、只是系出同源相距遥远的甲粒子和乙粒子在冥冥的浩瀚宇宙中存在不可知的联系。

而中国传统哲学、科学、医学都具有整体性的观点。这就像量子纠缠，表明了宇宙是个不可分割的整体，物体在冥冥之中存在着联系，所谓的"天人合一"，万物有阳有阴，有物质的一面可以量测，也有精神意识的一面在冥冥之中存在着联系，若是从万物波爱与慈悲的观念来看，整个宇宙的运行就能不证自明。

## 意识是物质的一个基本特性

西方科学的世界观认为,宇宙的行为就像一台机器,生活在宇宙中的人与其他生命也像机器一样。

具有意识(consciousness)的科学家,用机械世界观研究自然和宇宙,用几个世纪时间研究出来的结果和意识没有任何关系,不知道意识是什么。意识对西方科学来说仍然是个谜。

西方科学在研究意识中遇到的困难是,无法用我们人类熟悉的时间、空间、质量、能量等来测量意识,但是我们每一个头脑清醒的人都知道自己的意识是存在的。如何来研究无法用常规方法测量而又存在的意识呢?

人们在总结各个学科的经验教训,尤其是在研究生命现象所遇到的困难时,越来越多的科学家和研究人员认识到,长期被西方实验科学所忽视的意识,必须要被考虑进来。

现在有些学科在神经和大脑上对意识进行了广泛而深入的研究,虽然我们对大脑的许多功能有了不少的了解,但是对于意识本身仍然是个谜,我们仍然无法解释"意识的难题"(the hard problem of consciousness)。

"意识的难题"是指体验与感受的问题(the problem of experience),例如对颜色、味道、明暗等的感受,对价值观的判断等。"意识的难题"近年来重新触发了哲学上长期解决不了的争论,即意识是从物质中突然出现的,还是万物皆有意识(中国古代叫万物皆有灵性)?

现在有科学研究者从量子测量的角度分析，认为意识不能够被进一步简化，也不是在物质运动中突然出现的，因为如果意识只是物质的副产品，那么这无法解决量子力学中的"测量难题"。量子力学认为物体在没有测量之前，都是波，测量使得物体的波"倒塌"（collapse）成为观测到的现实。那么问题来了：如果意识是从物质中产生的，那么从根本上讲大脑也只是由原子、电子、质子、中子等微观粒子组成的波，大脑的波如何能够使得被观察物体的波"倒塌"呢？

对于更大的宇宙的现实来说，这是不是意味着存在宇宙之外的具有意识的观察者？这就是量子力学中的"测量佯谬"。为了解决这个量子测量佯谬，物理学家们提出了许多解决方案，但是从根本上仍然无法绕开意识的问题。

诺贝尔物理学奖获得者尤金·威格纳（Eugene Wigner）认为，意识是量子测量问题的根源。虽然物理学认识到意识在量子力学的层面上就存在，但是量子力学本身无法解决意识的问题。

从量子力学创立时起，意识就一直困扰着量子力学，但是长期以来，物理学家们对这一问题视而不见，试图逃避这个令物理学尴尬的难题。

基于现代科学在研究意识中遇到的难以克服的问题，现在在哲学界、神经科学、心理学、物理学等多学科领域里越来越多的人认为，就像时间、空间、质量、能量一样，意识是物质的一个基本属性，是宇宙不可分割的一部份。现在许多研究人员在主流学术刊物上、学术会议上严肃地讨论这个问题，这是近年来思想界、学术界的一个新的发展趋势。

基于上面的原因，越来越多的科学家和研究人员认识到，沿着笛卡尔以来的唯物世界观来研究意识有可能会南辕北辙，困难重重，因此他们（其中很多是西方人）必须要改变西方实验科学的世界观，转向东方哲学的世界观，研究中国的文化，研究印度文化。例如近年来，中国的气功、印度瑜伽和神秘主义等在西方流行，就有这些背后的原因。

## 从大脑的意识启发

当代神经科学的批评者们说，长期以来神经科学领域有意无意用经典物理的观点来研究大脑的功能与意识，即物理系统是由独立的部分组成，这些部分只能和相邻最近的物体发生相互作用，并且行为是确定的。而量子力学早就明确指出了经典物理的根本错误。现在越来越多的研究人员认识到，基于经典（牛顿）物理原理来研究大脑的功能与意识的基点是错误的，经典力学的观点对意识并不适用，但是根深蒂固的错误世界观仍然在很多人的头脑中起作用。

现在越来越多的科学家认识到，在大脑神经层次上无法真正了解意识，意识是在大脑的微观下就出现的，即真正要研究意识，要在微观领域里找，要在量子的层次上进行研究。

我们知道，微观领域是量子力学描述的世界，而量子力学本身又遇到了意识的难题（测量问题）。因此，物理学和生物学在微观领域里,在量子的层次上遇到了意识这一共同的研究对象。与此同时,如果说意识是物质的一个基本特性,那么在微观粒子中同样存在着意识,即意识在量子水平、微观领域里就自然存在着,这也就会引导物理学和生物学在微观领域里、量子的层次上研究意识。

量子纠缠是微观粒子意识的反映?

意识对人来说看不见,摸不着,无法用时间、空间、物质、能量等概念来测量,不过意识具有一些人们熟悉的特征。实验表明,量子纠缠这种关系一旦发生后,就会保持下去,微观粒子能够保持这种记忆能力,能够区分和识别与其有"纠缠关系"的特定粒子,能够不受时空限制地"认识"和"记住"这种纠缠关系,这用纯物质的观念是无法理解的,其实微观粒子的这些特征却和人的意识相似。

或许通过人的意识表现,就可以捕捉到这种对应关系,像是老板的生气会影响到员工的情绪,中国金朝时元好问的"问世间情为何物,直教人生死相许",莎士比亚的"爱的力量是和平",因此,我们可以说,量子纠缠所表现的就是两个微观粒子意识的反映,这种观点能够给量子纠缠一个合理的解释。即量子纠缠的存在是微观粒子具有意识的证据,给"意识是物质的一个基本特性"提供一个好的证据,其意义非同寻常。

**物质和精神是统一的吗?**

中国传统哲学的世界观和西方唯物世界观非常不同,中国传统的哲学、科学、医学等都是整体观,讲"天人合一",量子力学在

## chapter 3
## "核心价值、商业模式"决定事业高度

实验上也证实宇宙是个不可分割的整体。

现在西方哲学界、科学界越来越多的人认识到，意识和物质、能量一样重要，是物质的一个根本特性，在微观粒子中就存在着意识，宇宙中的万事万物既有物质的一面，同时也有精神（意识）的一面。量子力学描述的是微观粒子的物质的一面，意识那一面是无法用量子力学描述的。

如果认识到意识是物质的一个根本特性，那么就不难理解人们发现的"水会因为人的精神意识而改变结晶状态"，例如，对着一杯水说负面语言（脏话），水的结晶就会杂乱无章；如果是说正面的话赞美、表扬，水的结晶就会变得很有次序，变得很美丽。而且是对着分开的两杯水中的其中一杯说，另一杯水不论距离有多远，也都会产生相同的变化。1966年，美国的科学家巴克斯特（Clece Backster），就已经用科学仪器测量出，植物对于慈善与伤害所反映出的两极效应，即"巴克斯特效应"的现象。以及许多实验科学无法解释的或许和灵界有关的现象。中国古代科学从根本上承认精神的重要作用，认为万物皆有灵。西方哲学界和科学界正在认识的新的世界观，是中国古代科学早就认识的。物质和精神是统一的，物质和精神（意识）在宇宙中的万事万物中同时存在，物质和精神（意识）是统一的，是不可分割的。意识超越我们可以看见和感觉到的四维时空，如果人的眼睛能够看到微观，那么就可以看见意识的存在。

现在越来越多的人预言和期望，一个新的世界观的时代就要来

临，科学将会发生重大的变化，科学和信仰的界限将会消失。

日月星辰、天地万物，亘古以来独立于人的意识之外存在着，谓之为自然，万物波正是这个新世界观时代的奠基石。

或许对大部分人而言，对万物波的爱与慈悲的探讨，可以在朋友相处，聚会或喝咖啡时拿来闲聊，也许只是个有趣的话题而已，尽管这些发现所涉及层面的意义非常深远，精神或哲理都至为重要，但如果只把它当成一种话题，那就太可惜了，任何科学，任何事物的发现，我们都应该想，要如何应用在我们的生活上，对我们来说，才真的有其意义。

千百亿年来，让仅仅占宇宙4.6%的正物质得以有规律地运行，得以让万物在规律中生长，得以让基因有序地演化，得以让你我壮大繁衍的基础，就是爱与慈悲，运用爱与慈悲来产生对人类美好生活的经济，就是爱与慈悲的经济学，以爱和慈悲灌溉世界，让全世界都健康、富裕起来。

## 地球人的频道

在这个天涯若比邻的世界里，几乎地球上所有角落的事物，都可以快速传递到我们面前，尤其是透过越来越精进的电子通信技术，影音、传播等设备让我们在自己家里，就可以了解并看到远在十万八千里以外的事物，这也让居住在地球另一端的人有一个认识的好通道了。

而这也让观察家创建了"得以快速认识彼此"的新商业领域，不但得到极高的肯定，更获得了无远弗届的成果，这就是目前被全世界影音媒体一致接受，并对人类了解彼此有大贡献的"国家地理"频道。

这是由《美国国家地理杂志》的老板——美国国家地理学会，与美国福斯娱乐集团于1997年合组而成的公司，是一个通过电视、网络播放，介绍全世界每个地区的自然生态、历史、文化、旅游、历史、搜奇、科学、技术、环保、音乐等的营利事业。

对人类这样有贡献的商机和商业模式，又是如何创建的呢？这要追溯到1888年美国国家地理学会这个非营利组织的成立，以及于同年发行的官方杂志《国家地理杂志》。从它的背景，或能一窥这个对人类做出重要的贡献机缘是如何产生的。

我们说的地理学，在古代中国称为风水、堪舆学，就是研究地球表面的景物。

地理学的诞生，来自人类对居住环境产生的种种好奇而加以研究，从观察、摸索、累积、整理、归纳、验证、修正等反复确认，并让这样的探究有一个具象的表述，用科学的方式、工具加以探究、量测、归纳、描绘、记录等积累，造就了地理学。

曾是西方文明起源的希腊，绘制出公认的第一张世界地图（阿纳克希曼德所绘），而后陆续有了第一个指出地球是球体的巴门尼克和毕达哥拉斯（Gythagoras）。虽然阿纳克撒哥拉认定地球是平的，可是也不会抹灭他用日晷的变化，论证了地球是球体的事实。还有第一个绘制出经纬线系统的西帕洽斯等。

中国的风水堪舆，相传是由九天玄女所创制的，主要用于选择建筑宅地的校查，包括地理位置、地形、地理状况，岩石、树木、水流等地材的品项，风、光、水、气候等的影响，春、夏、秋、冬等的变化，建筑方向、方位、大小、尺寸等的计算，当然还有此宅地与天地运行、阴阳变化、生命轮回、因果报应等的影响。而这些发展轨迹，要从中国的风水书籍《周易》《山海经》《皇帝宅经》等古书里窥探；《禹贡》《管子·地员》《汉书·地理志》《兆域图》《水经》《水经注》《史记·大宛列传》《汉书·西域传》，记录了当时天下九州的海洋、河川、山脉、湖泽等自然分界的地形地貌；记录僧人法显旅行到中亚、南亚的《法显传》，唐僧玄奘大师的《大唐西域记》，耶律楚材游中亚的《西游录》，汪大渊游亚非的《岛夷志略》及郑和七下西洋的《航海图》《西洋番国志》《星槎胜览》《瀛涯胜览》等，对中国及周遭各区域的海洋、岛屿、河川、水文、气候、山形、湖泊、文物、地理、风俗等，都有绘图、文字等明确的描绘与记载。

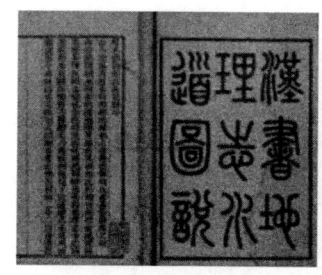
《汉书·地理志》

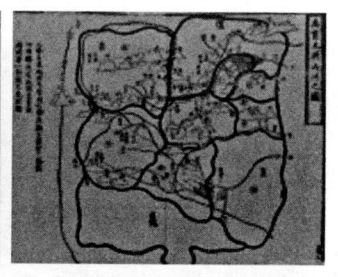
《禹贡》九州岛山川图

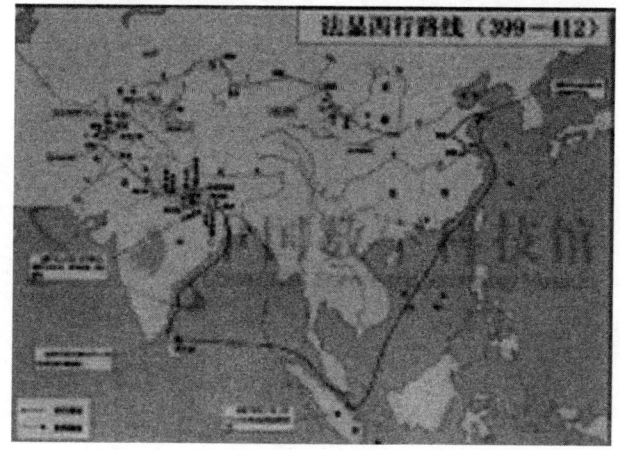
法显西行路线

明代中期以后，更以实际的研究考察而大步跨进，代表人物有：徐霞客、顾炎武、孙兰、刘献庭等，他们也开启了与西方地理学相应研究的大门。

之后更有陆续来中国的西方人士做出贡献，利玛窦的《坤舆万国全图》《两仪玄览图》，艾儒略的《收录世界总图》《职外方纪》，南怀仁记录了包含澳洲的《坤舆图说》，及康熙任命白晋、杜德美、雷孝思等人完成的《皇舆全览图》，乾隆命蒋友仁完成的《乾隆内府舆图》《坤舆全图》等。之后，有中国近代地理学之父

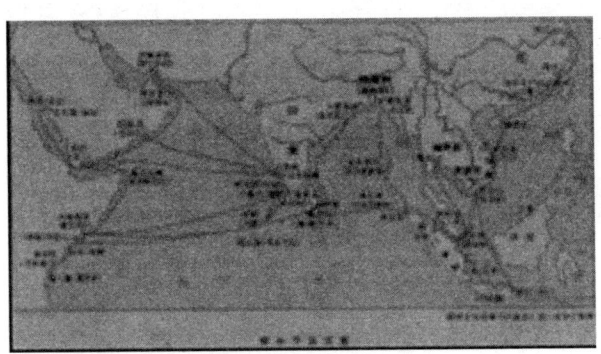

郑和下西洋路线图

《天下全舆总图》

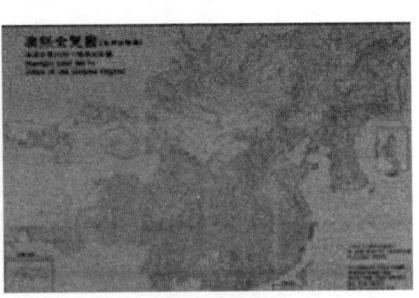

《皇舆全览图》

# chapter3
## "核心价值、商业模式"决定事业高度

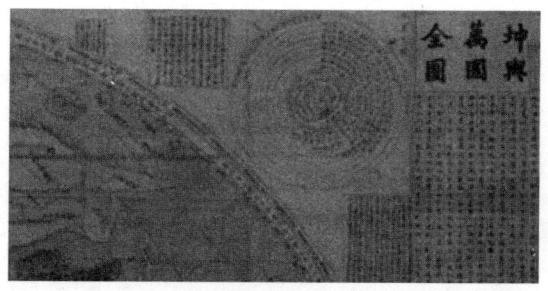

《坤舆万国全图》

《坤舆全图》

张相文于光绪年间编撰的《初等地理教科书》《地文学》以及他与白雅雨等人在1909年创办了中国地学会，也就是中国地理学会的前身，并于1910年出版了《地学杂志》，算是能与西方的地理齐头并进，各显风骚了。

如此中西两大主流的交会与影响，让我们对这个共同居住的地球，有了更全面的认识，不只是让当时强大的海上强国，以侵略的方式横跨了各大洲，也对国际交流做出了重要贡献，因此加速了来自不同文明的知识、技术、文化等的淬炼，而让人类得以向现代化迈进。

张相文　　　　　中国地理学会立案证书　　中国地理学会历任理事长

何以一个一百多年的美国国家地理学会，这个非营利组织所主导的国家地理杂志，及而后结合的私人营利组织美国福斯娱乐集团，所成立的"国家地理频道"，会被世界各国家、所有的影音媒体一致接受，不但跨越了不同宗教信仰、文化思想的藩篱，更被推崇为当今所有影视节目的霸主龙头呢？

这当然和国家级背景主导有相当大的关系，而它能依顺时代情势的需求演进，更进一步勇敢地结合私人营利单位，不但重视福斯娱乐集团这家私人营利公司，更仰福斯的影音技术、市场的规模、推广能力等优势，才得以让百年来所戮力的所有地理相关研究成果，呈现给全世界。或许这其中还有一个重要因素，就是"核心价值"。

网络媒体科技的日新月异，已经对你我的知识、观念、认知、判断、行为产生相当大的影响，更对种族的文化、习惯、风俗、生活方式，甚至是生死都产生极为重大的变化。而且是在讯息交流秒进千里、宗教文化等冲突日益加剧的冲击之下，如何保存族群自有的文化、习惯、风俗、生活方式，更要获得其他族群的尊重呢？

而今所有的纷争，大都来自于对其他族群文化、生活方式等的不认同甚至是藐视，或是觊觎、巧取豪夺他人的资源，这对已经有能力探索太空，却还是生活在同一个地球的我们，尽管极为痛心却也无可奈何。

如果可以让族群间相互认识，经由认识而了解，经由了解而包容，包容中尊重彼此的差异，尊重差异中谋求共需的利益，而得以共存共荣，那会是多么好啊！

国家地理频道是不是正在执行这样的使命呢？可以确定的是，他们正在让各个"族群"更了解彼此的文字、图像、影片等，并以第三者的角度加以纪录、报道、介绍。

或许这样的内容、角度、报道方式所塑造的"核心价值"，正是被全世界的国家、所有的影音媒体一致接受的原因。

人类科技的历史里，"算盘"出现在三千多年前的中国，两千多年前就有了计算历法的"齿轮式计算器"，约1600年，德国科学家施卡德发明了"机械式计算器"，18世纪的英国数学家查理·巴贝奇的"分析机"，被认定是计算机的雏形，而被尊为是发明计算机的鼻祖。而后出现的"真空管计算器""电子计算器"及我们现在熟知的计算机、网络、手机等，这些随着科技进步的发明，让人类生活有了跳跃式的进步，也要感谢计算器的发明，让我们在科技上得以突飞猛进，可是在人类的信仰、文化、风俗、习惯、思想、

差分机、分析机及真空管计算器

第一台储存程序计算器　　　　　　　　查理·贝奇

生活方式等的人文领域上，却没有如同科技的进步那样，这些领域不但停留在不认同、藐视、觊觎、巧取豪夺的纷争冲突里，更因为要争夺地球的有限资源，或为了坚固保护自己的资源、领域，扩大族群区域的权力范围等，而产生了更多的对立与战争。我们祈祷可以通过认识而了解，通过了解而包容，包容中尊重差异，尊重差异中谋求共同利益，而得以共存共荣，这也是人类迈向和平的路径之一。对国家地理频道，我们不只是要认同、感恩，更要跟进、学习。

若能以更深入的内容、主题等，挖掘出人类共同的价

## chapter3
## "核心价值、商业模式"决定事业高度

值，或许就可以让地球所有族群往可以共存、共荣的和平世界迈进。

然而，要制作一个能深入探求人类共同价值内容的节目谈何容易。没有国家的背景，没有频道巨擘的支持，更没有已经积累几百年地理学界资源的机构参与，凭什么可以效法"国家地理"频道，制作出与他们旗鼓相当的节目呢？

更何况，在一切都是以营利为目的的商业化世界里，没有资源、资金，仅仅只靠对人类和平共处的使命感，只会让其他同行等着看笑话。现在影视业的制作，不但内容要以商业营利为前提，挖空心思创作出新的节目内容，还必须受到每个不同统治区的规范约束来调整内容。而在网络无国界的开放区域里、特殊开放的锁码频道里，则有一些没有被规范所束缚的"调皮内容"，情色、变态、偷情、凌虐、杀戮、格斗、强暴、自虐等节目，被当成获利的工具而日渐茁壮，这也是拜科技所赐，并抓住所谓"人性黑暗面"的本质，让追逐利益的人，有了得以获利的园地。

我们只有一个地球

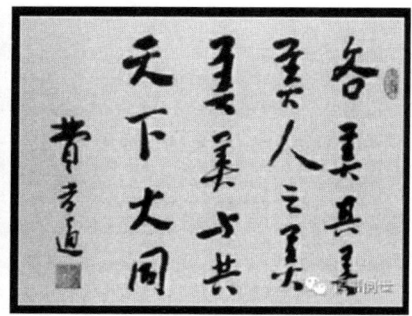

费孝通书法

或许因此，要制作一个能深入探求人类共有价值的节目是缘木求鱼，可是也别忘记了雅虎、亚马逊、脸书、微软，不也是从什么都没有而横空出世的吗？

一项旷世的事业能够横空出世，当然要有相当多的机缘，可是最重要的，还是它的"核心价值"及"商业模式"，就如同探索频道被全球认同一样，还有很多的旅游节目、美食节目等，都获得很好的营收及成绩。若是再深入的规划，探求出人类共有的价值，一定是可以产生出与国家地理频道、探索频道相辉映的"商业模式"。重要的还是有权力的决策者，是否具备了成就此"商业模式"的眼光呢！

# chapter 4
## 成就"大商"的元素

## 有些事就是要傻傻地做

古今中外有许多了不起的人,并不是因为他们有异于常人的特异功能,或真的是"来自星星的人",而只是默默地从事他们自己觉得有意义的事,好像不做就活得很别扭,不做,活着就迷茫了,不做,比死了还难过。就好像是有一个使命似的,有些工作会让人觉得理所当然,因为他们世世代代就是这样活过来的,有些工作却让所有的家人、亲戚、朋友都觉得他在做傻事。

中国西南接近印度的小村庄里,有一个工作世袭了几百年、几千年,世世代代都在从事着。而这样一代接着一代的工作,影响着

商道即人道

# chapter4
## 成就"大商"的元素

中国几千年的文化风俗,甚至是朝代的兴衰、族群的兴亡。这个工作就是——印度经文的印刻工作。

**整理贝叶经**

在这个村庄里,婴儿在泥土地上到处爬来爬去的时候,父母长辈们正拿着刻刀,在木板上轻刻着来自印度的经文。因为每一片木刻经文的木片,只能油印几十次或几百次,就要重新制刻。油印好的印制品,还要由描绘者细心描绘上沾了金漆、红漆或黑漆的油料,再将整个描绘好的经文装订成册,一册一册地让当时的驼马队,一驼一驼地送往到中国的各地方去,这就是流传在市面上来自于印度的佛教经文书册。因为所选用的制作材料,是取用贝叶棕树的叶子,经过煮后再晒干制作,所以一般市面上称之为"贝叶经"。

在还没有纸张和刻印的技术时,书写经文的人是用铁笔先将经文烙写在贝叶上,再上漆描绘。用铁笔的烙写者,自然是由经验丰富的长者所从事,当地人则是从小孩时期会拿描绘笔就开始练习了。

　　修剪贝叶棕树的叶子　　　　　　　　驼送图

　　几乎所有这里的人，终其一生只从事刻印经书的工作。日月盈昃，宇宙洪荒，对他们而言都没有刻印重要，一切的生老病死、贪嗔痴癫尽抛脑后，一切自有轮回、自有定数安排，他们就这样静静地把这个工作延续了几千年，这个小村庄却影响了中国，影响了全世界。

　　整修贝叶棕树叶　　　　　　　　贝叶经制作

　　我们有着"贝叶经"的流传，流传着第一个启发了人与所有万物皆平等的思想、人与天地、宇宙之间的平衡和谐关系。

　　我们向那些一辈子只作刻印经书、制作"贝叶经"的无名者致敬的同时，更要向他们学习——有些事，傻傻地去做就好。

## 小人物的身影

　　印度有一个出生在穷困部落里，注定要当农夫的小人物，他自幼靠养牛、卖牛奶来维持生活。有一次洪水过后，家附近的沙洲上死了成千上万条的蛇及其他动物，它们或是被太阳晒死的，或是被热死的。他看到沙洲上这样的惨状，不由自主地大哭了起来，在印度的文化里，蛇是通人性的灵物，眼镜蛇更是印度三大主神之一——"湿婆"的化身。于是这个小朋友，立下绝不要让这种惨状再次发生的愿望。他立即请求政府在沙洲上种树。政府的回应是：沙洲上什么都种不了。怎么办？政府根本不理他，于是养牛、卖牛奶的他，在做完工作后，就自己到沙洲上种树，一直种、一直种，历经了不知道多少次被洪水摧毁的过程，他还是想尽方法一直种、一直种，直到有一天，他种的树木终于让蛇及其他动物不再被太阳晒死或被热死了。

　　可是，他种的树木也引进了一些野兽进来，这些野兽们因为觅食，摧残了附近农家所种植的农作物，于是他又被所有的邻居排挤攻击,成了全部落的公敌。怎么办?没读过多少书的他,要如何面对这个来自于部落同胞的攻击呢?

贾达沃·帕仰(Jadav Payeng)与他种植的森林

贾达沃·帕仰

象群

他也还是一直种、一直种,只是这次选择了种果树,尤其是野兽们喜欢又容易种活的香蕉树。于是在沙洲树林里的食物越来

# chapter4
## 成就"大商"的元素

多，就没有再发生农作物被动物摧残的事件了。

这个小朋友在沙洲上种了29年的树以后，2008年某一天，一支印度政府的动物保育队，在跟踪一群大象队伍的时候，发现这批由一百多只大象所组成的队伍，没有依循以往的路线迁徙，反而是走进了一片新的树林，才让这个三十年如一日，每天卖完牛奶就来种树的小人物贾达沃·帕仰的事迹被发现。他仅凭借自己一个人的耕耘，种植了一片550公顷的森林，一个人傻傻地种树，却成功修复地球生态的不可思议事迹被报导出来以后，我们才得以仰望这个了不起的小人物的巨大身影。

## 千年前的不虚此生

妈祖是一个诞生在福建湄州的官宦家女孩。妈祖是如何成为当地重要的信奉对象之一的？妈祖文化又是如何从闽南东南沿海，延伸到东南亚、东北亚，甚至远到南亚、非洲等地区的呢？

当地人因妈祖演变来的生活方式、营生模式、经济动能等，不但绵延千年，而且越来越巨大，这是如何造成的呢？信仰，是人类体现生活的一种方式，尤其是对无法预测的结果、无法捉摸的未

**湄洲妈祖像**

**妈祖庙前的祭拜活动**

chapter4
成就"大商"的元素

妈祖像

知事物、被奴役欺侮的生活、天灾人祸的无奈、生老病死的经历、阴晴不定的气候变化等,都有着无名的惶恐。一直以来,人们大都是用焚香跪拜、虔诚祝祷老天爷派遣救世神明降临,让惶恐的心有所依归,因此有了众多的神祇,如耶稣基督、释迦牟尼、真主安拉等,他们抚慰了多少世代的人类,让人类得以继续绵延生命。

中国闽南地区以临海捕鱼维持生计,偏又气象多变,风雨诡谲,居民日夜祈盼的守护神于是降临。

撇开口耳传说等佚事,仅录文书记载之事,出身湄洲官宦家的女孩林默娘,自幼便被父母施以严格教育,而其本身也聪慧过人,

无论是天文地理、医药占卜均能融会贯通，尤为精通天象气候，年纪轻轻，对诡谲天象都能详细分析给居民们听，该何时出帆捕鱼、何时返航，何时会有台风，何时阳光普照。有了默娘的指引，人们大都能避免祸事，对千年前的渔民而言，这真是老天爷派来救苦救难的神明啊！

有一次，渔民如往常一样出海捕鱼，没想到海上一下子风云变色，乌云笼罩，风狂雨急，伸手不见五指。千年前没有电力，更没有灯塔，林默娘知道受困于海中的渔民根本找不到返航的方向，便毅然将自己位于岛上的房屋放火烧了，让受困在海中的渔民看到火光，有了返航的方向。

林默娘能看到常人看不到的状况，果断做出正确判断及处置，不也正是古今做大事者的特质吗？

她在千年前的不虚此生，也让妈祖永世流传，造福众生。

# 有使命就去做

　　一个位于中国浙江省、福建省、江西省三省交界的小县城,在第二次世界大战的时候,让日本在中国的战役里,遭到极少见的失败。这场战役虽然延缓了日本大军长驱直入闽南的时间,却也让中

美国杜立德将军(右4)率领 B-25 轰炸机首度空袭日本,完成任务后飞往浙江省迫降,获军民搭救。

图/傅中提供

感谢当年相救　杜立德孙女感谢中国

联合报/记者程嘉文/台北报导/2011-8-24

国人因为营救轰炸日本东京而掉落到此山区的美国空军飞行员,而遭到日本的残忍报复,付出了二十五万中国人死伤的惨痛代价。

这段历史,是当时从事影视工作的我与朋友王怀任先生在聊天时,慢慢地被发掘开的。被揭开的,不只是这个县城老百姓营救美国飞行员的历史,还有蒋经国与毛泽东有着血亲关系的隐密往事。

故事要追溯到蒋经国的父亲蒋介石。蒋先生年轻的时候,就在父母的媒合之下,娶了同村庄的毛福梅女士为妻,不多久就生下了长子蒋经国。而毛福梅女士正是由毛家的祖居地迁到浙江奉化的,她与毛泽东同是迁徙自一样的毛氏祖居地。通过毛氏族谱确认后,蒋经国的母亲与毛泽东确系毛氏同一支,也就是说蒋经国的身体里有一半的毛家血。这个奥妙机缘,还要感谢浙江省文化厅产业与科技处处长何蔚萍,当时其任江山市副市长时,几经波折才带着"江山清样毛氏族谱"往北京"国家咨询委员会"评审确定,现今收藏于中国档案文献室。

这个秘密随着尘封的毛氏族谱出现被确认了,可是在这个县城里,是否还隐藏着更多的秘密?我恨不得立即动身前往进行实地考

# chapter4
## 成就"大商"的元素

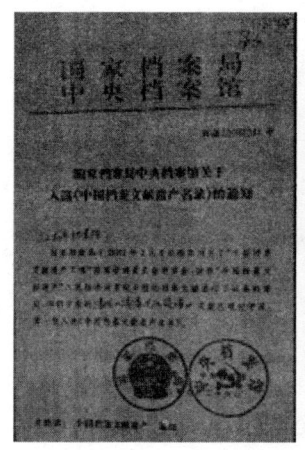

**大陆国家档案局的毛氏族谱**

证。一来是因为这是拍成电影相当好的题材,不但有当地老百姓营救美国飞行员的故事;二来这里又有中国近代两位有影响力的大人物——毛泽东与蒋介石,竟然是姻亲的秘密。

有些事就是要去做,好像不做就来不及似的,不做就会浑身不自在,就在与提拔导演李安又筹备制作电影《卧虎藏龙》而拿到华人第一个奥斯卡金像奖外语片的制片人——徐立功先生的第一次成功合作后(第一次合作是协助徐立功先生制作《饮食男女2:好远又好近》)获得金门酒厂的赞助,徐先生再次表示也愿意参与这部电影的制作,于是我来到了这个县城。

这是一个丘陵起伏的山城,一来就感觉到了特殊风情。在当地独有的"谷烧"白酒助长下,打开话匣子的长者娓娓道来这个与台湾、与国民政府、与日本偷袭珍珠港、与中国第一个特务组织、与中国的风水等，有着微妙关系的地方。

长者说，这个县约二千平方公里，仅有五十万人口，地方虽小，却是近代中国最重要领袖毛泽东的祖居地，也是驱逐荷兰人的民族英雄郑成功的孕育地，地理位置是历代京杭大运河东南端的终点，自古就是浙江、福建、江西三省水路、陆路交通的重镇，繁荣有如"小上海"。这个山城不但孕育了诸多大人物，更有个极为巧妙又很不平凡的名字——江山。

从毛氏祖居地眺望，不得不感叹这里的地理风水，左边近在咫尺的江郎山，拔地而起，耸立云霄，在2010年被联合国教科文组织评定为世界自然遗产。右边不到一千平方米的湖泊，像极了张着五爪的金龙，让人不得不感受到这顶天立地、龙盘虎踞的气势，怎么会不出伟人呢？或许，这里真的是风水宝地吧！

浙江江山市的江郎山图

chapter4
成就"大商"的元素

世界自然遗产——江郎山

相对于中国，相对于浙江省，江山市是多么小的地方啊！单是近代与这里相关的后世子孙中，就出了三位大人物，与这里有关的毛氏子孙里，历代就出了八十三名进士、八名尚书，还没有算到国民政府时期的六十五位江山市籍的将军，及历代四百多位进士。

与毛泽东的祖居地相邻的保安乡是军统头子戴笠的出生地。从戴笠的故居往上走去，就是孕育民族英雄郑成功的仙霞关。郑成功在这里展露了治军才能，不但严谨治军，更注重培育人才。因为带领在这里严守仙霞关的官兵，违抗父亲郑芝龙弃守的军令，宁可战

戴笠密宅内的秘密旋梯

戴笠密宅内的通信设备

死也不弃守。后来他虽然退守到台湾，却因为忠贞而被封为延平郡王。仙霞关下，也还遗留着当时严守仙霞关的官兵留下来的书香古镇二十八都。而正是在这里，写下了让日本人过不了"江山"的一页。

早在日本偷袭珍珠港前，国民政府的特务就破解了这项机密行动，而破解这个情报的，也正是国民政府时期唯一的女将军、浙江省江山市的姜毅英女士。这个重要情报，不但牵动着美国在第二次世界大战中参与亚洲、中国战区的命运，也间接给当地带来为了营救美国飞行员，而惨遭日军报复，造成二十五万中国人死伤的惨烈代价。

这个惨痛的代价，却渐渐被美国有权力的领导们遗忘了，这也是我要马上动身来这里实地调查并策划成电影的动力。这段被遗忘的真实历史，展现出中国人在二战期间，为了营救美国飞行员不惜牺牲生命的高贵友谊。

确认了这个极具戏剧张力的题材后，就启动美国及中国大陆、中国台湾等多方同步的深入调查，了解票房、法规等工作，以便详细掌握这个题材的电影布局、方向及市场高度等。

## chapter4
## 成就"大商"的元素

从美国回报的调查中了解到,之前有一部集众多好莱坞大明星,并由后来拿到奥斯卡导演奖的班·艾弗列克担任男主角的国际大片《珍珠港》,美国人普遍对剧中班·艾弗列克驾机轰炸日本,返航时掉落到中国后发生了什么事极为感兴趣,并回报判定此片在美国会有票房,而且有可能策划成《珍珠港》的续集。

另一方面,当时东亚的情势也很险峻。清朝时期,日本以武力做后盾,强迫清朝签订不平等的《马关条约》,割让台湾、琉球、台湾周围群岛。上面割让出的土地自古都是属于中国的,日本一直到侵华战争失败投降,才无奈同意归还台湾等诸岛。可是日本却依然不断地以各种方式强行占领自古就是属于中国的钓鱼岛,而造成钓鱼岛主权争议事件,甚至是发动武力攻击,而美其名曰维护钓鱼岛主权的驱离行为,用来混淆国际视听。日本还搞出了所谓持有钓鱼岛原始岛权的岛主,将钓鱼岛卖给日本政府的荒谬事件。

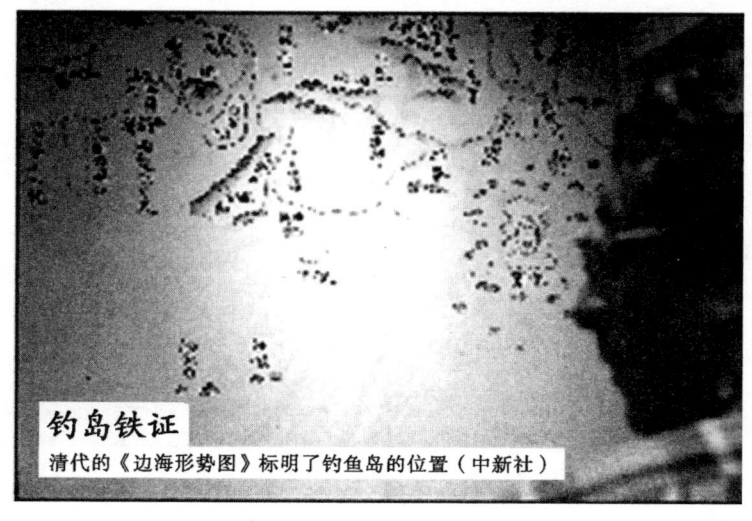

**钓岛铁证**
清代的《边海形势图》标明了钓鱼岛的位置(中新社)

中国台湾自20世纪50年代起，就一直为日本侵占钓鱼岛的事件，以和平理性的态度与日本交涉，试图处理钓鱼岛主权争议问题。就算是日本自1990年后，渐渐以武力攻击，甚至是将在钓鱼岛附近捕鱼的台湾渔船撞沉，台湾也还是秉持着和平理性的原则与日本交涉。这不是因为台湾人惧怕日本，而是因为中国人爱好和平的本质，中国人向来珍惜与日本及所有友好国家、地区的友谊。

而美国的领导者们在2010年后，对钓鱼岛主权争议事件不断地在日本背后添柴添火，将原本可以由中日双方平和处理的争议，推向了可能爆发战争的边缘。我们无法了解美国领导者是打了怎样的如意算盘。将钓鱼岛主权争议事件向战争的边缘推进，不但是台湾的大劫难，也是东亚甚至是影响到全世界的大灾难。或许美国的领导人已经忘记，或许是根本就不知道：日本偷袭美国的珍珠港后，

日本防卫队与保钓船的冲突

chapter4
成就"大商"的元素

美国为了报复日本,而由杜立德将军率领美国轰炸机队轰炸日本,返航后因油料不足掉落在中国的美国飞行员,被当地老百姓全部营救成功并送返美国了。这份中国老百姓对美国飞行员付出的珍贵友谊,却在日本发动的侵华战争中,遭到日本特别的报复,让当地的中国老百姓付出了二十五万人死伤的惨烈代价。

我们个人无法,也没有能力,用更大的力量来阻止美国将钓鱼岛主权争议事件向战争的边缘推进,但或许能用这个题材的电影来提醒美国人,中国人曾经为协助营救美国飞行员而付出这个仅次于南京大屠杀的代价,呼吁珍惜可贵的和平!

江山市,孕育出不少大人物,也际会出营救美国飞行员,让日本人过不了"江山"的史实。或许通过这部电影,可以让美国人回看历史,唤起维护和平的反思。没想到这部电影,除了票房,还可能会有

日本偷袭珍珠港图像

这样的影响，那这部电影要怎么策划呢？

回顾近期的电影史，由中国人制作的电影，很少会在美国有票房，就算是加入获得奥斯卡金像奖的大明星、邀请美国制作团队制作、与美国电影公司合作等，也是一样不合美国人口味，下场多是"票房惨淡"。反之，由美国人主导，尤其是好莱坞制作的中国题材电影，大多是风靡全球的国际大片，就算从头到尾都是演中国题材、中国人故事，或是有中国元素的电影，都会席卷全世界。最有名的例子，就是卡通《花木兰》。由好莱坞的迪士尼1998年制作百分之百属于中国人故事题材的电影《花木兰》，不但创下全球超过三亿美元的票房，更让一半以上的日本人头一次知道了中国有个"花木兰"。这部百分之百属于中国故事题材的电影，还是部卡通动画片。而这样的成绩及制作，也同时打开了中国题材可以享有全球高票房的大门。接续而来，由好莱坞制作的中国题材电影，也都交出了席卷全球票房的亮眼成绩，像是《功夫小子》《功夫熊猫》《不可能的任务3》《神鬼传奇3》，等等。当然，这些片子也全部都在美国本土大受欢迎。

为什么由中国导演、中国主导制作的电影，无法敲开美国市场呢？是因为中国没有国际级的导演吗？中国也有许多在国际得奖的国际大导演，像张艺谋、陈凯歌、冯小刚、李安、吴宇森、侯孝贤等，为什么只有李安、吴宇森会有一些差强人意的美国票房呢？

# chapter4
## 成就"大商"的元素

> **华语大片北美票房惨败的全纪录**
> 2013年07月16日10:16 娱乐专栏 作者：释凡
>
> 当年李安指导《卧虎藏龙》斩获奥斯卡最佳外语片后，北美票房成功突破一亿后，曾让华语影人看到一种进军北美希望。接着，《英雄》北美票房冲过5000万，《十面埋伏》《功夫》《霍元甲》相继冲过千万，更是导致我们的古装片大兴。但是，华语电影在北美并不弱，外语片在北美排行榜上，前10名就有4部是华语片，这里还有中美合拍《功夫梦》北美票房过亿，只是这几年在《无极》《投名状》《赤壁》票房惨败之后，美国有影响的发行商渐渐疏远了华语电影。
>
> 无论张艺谋《金陵十三钗》冯小刚《一九四二》，还是周星驰《长江七号》都难逃惨败命运，《画皮2》《泰囧》在内地票房相继打破票房纪录，北美票房则纷纷折戟沉沙，其数字更是惨不忍睹。黄圣依和李连杰《白蛇传说》甚至才1.8万票房，而《风声》《寒战》《窃听风云》《大上海》《大魔术师》《门徒》等过亿大片在北美票房最权威的boxofficemojo网站上都查不到票房纪录。为啥不上映，查不到数字，因为没人看，有的几百几千票房，美国佬懒得统计进去了！

**华语影片在北美的票房纪录**

事实上，中国籍或华人血统导演的电影并不是没有美国票房，像是九岁就从中国台湾移民美国的林诣彬所执导，由好莱坞环球影业发行的电影，《速度与激情》第三、四、五、六部，不但屡创新票房纪录，还协助另一位华裔导演温子仁主导第七集的《速度与激情》。而林诣彬导演更被挖去执导另一部电影，即于2016年下旬上映的《星际争霸战3》，此片也打破了星际争霸战电影有史以来的票房纪录。另外，由派拉蒙影业制作，布鲁斯威利，巨石强森等主演的《特种部队2》，也是由中国浙江温州籍导演朱浩伟执导。

这些在美国本土和全球电影市场里，都缴出亮丽票房的华籍导演，有一个共同点，就是都由美国正统导演科系教育出身，包含李安导演也是。他们执导的电影能够在美国和全球市场有票房，当然是要由美国影视公司主导，更重要的是必须用美国人的方式思考。

要获得美国人接受,一定要以美国人的逻辑、文化、角度、方式思考,整体的团队也都必须是在这样的条件下来制作电影,才会符合美国人的胃口,即便全部都是中国题材、元素,甚至全部的演员都是中国人,在美国也会有票房,就像是李安执导、哥伦比亚发行的纯中国作品《卧虎藏龙》,不但获得美国奥斯卡最佳外语片等四座金像奖的肯定,也在美国开出了超过一亿美元的票房,让美国人感受了中国武侠世界的风采。

那么,这部"营救美国飞行员"的电影,要怎么策划呢?故事题材不但是发生在蒋经国母亲毛福梅与毛泽东的祖居地"江山",更有着毛泽东与蒋介石定"江山"的对日抗战,又有让日本人过不了江山的战役,及为了营救美国飞行员,惨遭日军报复而造成二十五万中国人死伤的史实。这样悲壮、丰富,又有使命的题材,要怎么策划,才能在美国开出亮丽票房,更期盼能唤起美国人的记忆,朝着维护东亚和平的方向迈进。

李安执导,哥伦比亚发行的纯中国元素作品《卧虎藏龙》,获得包含最佳外语片奖的四座奥斯卡金像奖

我将这部电影往中美联合制作的方向策划，定调由美国好莱坞的电影公司主导制作，由他们安排导演、主要演员及最重要的是以美国人思路所修改的最终剧本，中方则安排由中国国营背景的电影公司主导，前期是由与祚彦先生签约的珠海汉都影视投资公司蒋秋霞女士协助，并有华人第一座奥斯卡金像奖的制作人徐立功先生同意协助参与。

王祚彦先生邀约制作人徐立功先生访问浙江江山市

期待这部发生在"江山"的电影，可以早日在美国上映，预祝此片在美国开出大红盘，唤醒美国人回顾中美珍贵友谊，也同时期盼美国影视公司在中国赚大钱，同时更期盼可以让东亚、让全世界不再有战争。

## 挫折成就不朽

　　文艺复兴时期，一位深受当时音乐、绘画、雕塑等艺术界工作者所喜爱的人士，因为对美食、烹饪、料理的讲究，加上爱搞笑、幽默又有创意的个性、让他游走在各个社交活动里，广受当时艺术界、社交界、商界、金融界的欢迎。有一天为了生活所需，他承接下了老板的特别指示，策划一场有创意并能不落俗套的晚宴，这个工作正好可以发挥他爱料理又多创意的专长。

　　为了使晚宴别开生面，他发明了一个能产生前所未有猛烈炉火的厨具，一套可以自动送餐盘的输送带设备；为了维护厨房安全，他设计了自动洒水消防设备；更为了让所有宾客终生难忘，他特别邀约一百多位文艺界的朋友，共同卷起袖子下厨做拿手菜。一切都在他的计划下逐步进行着，所有宾客也都在期待这举世无双的晚宴。

　　晚宴当天，自动送餐盘的输送带突然故障失火，他立即启动效率极高的自动洒水灭火设备，虽然成功灭火，可是所有的食材，以

# chapter4
## 成就"大商"的元素

及世界上第一套自动化厨房全浸泡在消防水中,更让一百多位当时文艺界的精英,以落汤鸡的造型,惊慌失措地冲出失火的厨房。这个震惊意大利米兰时尚圈,当时执世界艺术牛耳的晚宴承办者,就是被誉为最了不起的艺术家、发明家的列奥纳多·达·芬奇。

列奥纳多·达·芬奇

达·芬奇画像

达芬奇一生都在对抗失败,一直到死他也没有做出一件被认为成功的事情,他的画作也没有获得当时艺术圈、时尚圈特别好的评价,甚至是被现代艺术界认为绝世巨作的《最后的晚餐》,当年也被认定是件失败又未完成的作品,更遑论他好高骛远的草稿、规划图、笔记,甚至是给米兰公爵卢多维科·斯福尔扎的自我推荐信里,自述可以制作的如下发明:

1.轻巧、坚固,能防火又可拆卸组装的战争用桥梁。

2. 围攻时，可以切断水源、打造壕沟或用浮桥或云梯等工具。

3. 可以摧毁底部不是用石头建筑的任何建筑物的技术。

4. 轻巧可携带的炮具，用小石头做滚轮，利用烟雾让人恐慌的特性而令敌人受惊吓及重大损失。

5. 可以静悄悄地在任何地方打造弯腰或是直立而行的地下通道，必要时也可以穿越河流或壕沟。

6. 打造可以穿越敌人密集区的盔甲战车，为主人的军队开出一条安全大道。

7. 在适当的场合下，建造大炮、狙击炮或与众不同的轻兵具。

8. 无法使用大炮时，可以用投石机代替，更可以在同样的时间内发挥无限大的攻击量。

9. 战火在海上时，可以建造无论何时防守或攻击并有效阻挡火力、大炮的发动机。

以上种种军事上的技术或设备，都停留在文字、图像阶段。

他还留下了大约一万三千件混合艺术与机械、科学的手稿，虽然展现了达·芬奇在科学、机械、战争、工程、医学、艺术上天才的惊人知识，但是这些创新发明却也只是躺在他的笔记、手稿、图解里，几乎全部都没有实现过。没有实现过是因为没有实现的金钱，更没有遇到实现的机缘。

而这些没有实现却超越当代的知识、技术，却在20世纪的现代陆续实现了，包括无级变速的自动变速箱、人体局部解剖学、跨越土耳其金角湾的达·芬奇桥、潜水艇、坦克车、机械齿轮机等。

**chapter4**
成就"大商"的元素

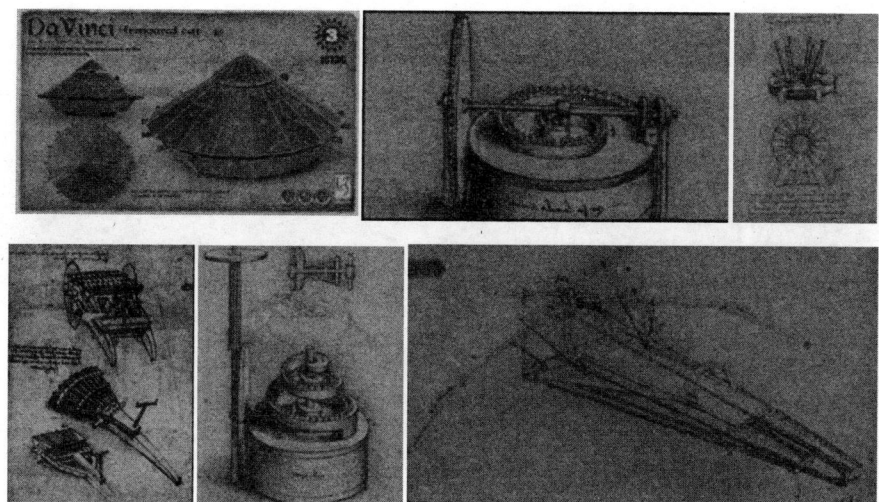

**列奥纳多·达·芬奇发明的作品绘图**

达·芬奇是名副其实的"先知科学家",可是这位"先知科学家"在他的有生之年,却要不断地为三餐、生活奋斗,还要对抗所有的失败及无法实现的梦想带给他的孤单与寂寞。

那些留在世间的作品,也都是他为了换取三餐温饱、维持生活所绘制的作品,包含《蒙娜丽莎》《抱银鼠的女子》《最后的晚餐》等十几幅绘画作品,人们也是在他死后才给予他艺术大师的桂冠。而那些未实现的草稿、笔记、草图等,也在他死后,证明了他在科学、医学、工程、机械、天文、地质、建筑等方面的非凡成就。从小没有受过正规教育,还是私生子的达·芬奇,认真对抗失败的一生,成就了他成为举世公认的伟大艺术家、科学家、先知。

认真对抗失败,是达·芬奇带给我们的人生态度。永不放弃的学习、探求知识的努力,让没有受过正规教育的达·芬奇可以超越

《蒙娜丽莎的微笑》　《抱银鼠的女子》　　　　　　《最后的晚宴》

所有艺术家局限在艺术领域的成就，也让活在当代的我们及所有的后人，得以徜徉在他一生的成就里。这一切都来自于他将所有的想法、计划以文字、图像等方式记录了下来，这个记录让我们得以一窥达·芬奇对抗失败的一生，一窥这位先知大师的伟大非凡。

记录并流传下来，是成就伟大的基础，纵然学得傲世才识，却只能藏于腹内，孤芳自赏，又与废人何异。反之，纵使是一生落魄，生不得志，却也因为留下记录，或可传世而不虚此生。

对抗挫折失败，更能激发向上的动力，或许在享受满足的环境中，就会失去创造不凡的机缘。

有一个自小就生长在极为富裕家庭的小男生，享受了所有的荣华富贵后遭遇家族破败，而后流落到三餐不继的贫困中。自小的荣华富贵，造就了他手无缚鸡之力的纤弱体质，却也使他学得了舞文弄墨的专长。在文人朋友的影响下，及不愿就这么让家族以往的显赫历史随风消逝，他将自己年幼时的生活，以看似谈情说爱的故事，其实是以小说的形式记录当时荣华富贵的生活，就这样造就了中国最伟大的著作《红楼梦》。《红楼梦》又名《石头记》《风月宝鉴》，而写这部记录童年故事的作者，就是晚年极为落魄，靠朋友救济，靠卖字画为生的曹雪芹。一个生于中国清朝，父亲任江宁织造，接待过清朝康熙皇帝四次下江南巡视的皇亲贵族家庭里的公子。

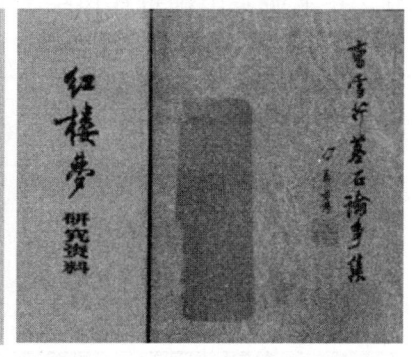

曹雪芹画像及《红楼梦》书籍

曹雪芹到死时也没有想到，因为不愿让往事就此隐去，而记录了从小发生在周遭事物的小说，竟然成为中国文学上公认的伟大著作之一，更没有想到，这部看似谈情说爱的小说，竟然成为文学家们深入探索研究的一门学问。这个晚年与贫困交迫共生，与孤寂疾病为伴，最后死于饥寒衰病的曹雪芹，也就是因为他对抗破败，用文字抒发不甘心的纪录，而成为中国最伟大的文豪。他的《红楼梦》，不但文学家必读，更有专门研究这部书的组织，而取名为"红学研究会"。对红学的研究，不只是研究叙事的内涵，还包括对当时生活的考证及了解书中人物角色的情感个性、诗词歌赋的精炼文字、烹饪料理的饮食文化、服饰衣着的织料形式、情感交错的人物关系、引人入胜的故事转折等，更探索政治、哲学、管理、阶级、教育、宗教、信仰等全方位领域。这本著作不但拓展了读者的知识面，展现了中国文化美学，更丰厚了精神层次的享受，对后世的文学家、著作家甚至是科学家、领袖人物等，都有着极大的影响，几乎所有中国近代风云人物例如王国维、蔡元培、胡适、鲁迅、毛泽东、莫言等，都受到《红楼梦》的影响。从近代中国最重要的作家之一张爱玲的作品，就可以发现《红楼梦》的影响及启发。张爱玲在自序里就表示了，《红楼梦》是她创作的泉源，尤其是她著的《红楼梦魇》更指出，人生最憾事就是"红楼梦未完"，可见此书对她极大的影响力。

**红楼梦里的女子画像**

我们从困顿的曹雪芹身上看到，困顿不是无能，困顿不是失败、毫无作为，反而因为困顿激发出动力，成就了不朽历史上有许多大文豪、大思想家，也因为经过了困顿的历练，因对抗失败、对抗不满、对抗不得志而成就了不朽。除了之前说的达·芬奇，还有李白、杜甫、苏东坡、但丁、拜伦、高尔基，以及将一生奉献给对

chapter4
成就"大商"的元素

抗极权暴政的切·格瓦拉。

切·格瓦拉（Che Guevara）本名艾内斯托·格瓦拉，祖父是阿根廷的总督，他母亲也出自曾任西班牙驻秘鲁总督的贵族家庭。有如此卓越的家庭背景，又以优异的成绩在布宜诺斯艾利斯大学医学系就读，并取得医师资格，他原本可以过着富裕又受人尊敬的生活，却在环游南美洲的旅行后，选择了从事推翻暴政、打倒极权的革命事业，并以一生来实践这个长期处于艰困、颠沛流离、分秒都在死亡边缘而不一定看得到明天的太阳的革命事业。这异于常人的决定，成就了切·格瓦拉永远的不朽。

一般人选择投入革命，都是被政权压迫到必须用武力对抗的时候，切·格瓦拉并没有受到当时阿根廷政权的压迫，而是在游历拉

**切·格瓦拉图像**

丁美洲的时候,看到了这块土地的贫穷与苦难。而造成这些贫穷与苦难的正是社会的不公平、掌握国家的政权垄断资源、新殖民主义霸占了土地掠夺了市场、帝国主义夺取他国领土奴役他国人民所造成的不平等。这些启发了切·格瓦拉,一生为人类基本的公平正义而奋斗。

切·格瓦拉(右)与古巴的同志劳尔·卡斯特罗

1953年,切·格瓦拉投入了危地马拉总统阿本斯领导的社会改革,尤其是农业、土地的改革,惹恼了与美国中央情报局关系匪浅的联合果品公司。美国中央情报局在洪都拉斯成立由危地马拉军官所组成的雇佣军,领导军事政变,终结了危地马拉总统阿本斯的政权,也让切·格瓦拉投入的社会改革止步。他却因而结识了流亡的古巴革命人士劳尔·卡斯特罗及他的哥哥菲德尔·卡斯特罗,并在1956年11月25日与菲德尔·卡斯楚等总共82名战士,挤在"格拉马"号小艇上,航向古巴,开启了推翻古巴独裁者巴蒂斯塔政权的路程。就是由这82名战士的游击战开始,历经两年多的大小战役,

# chapter4
## 成就"大商"的元素

1959年1月2日由革命领导人菲德尔·卡斯特罗带领的革命军,占领古巴首都哈瓦那,独裁者巴蒂斯塔出逃,革命终于成功,建立了由菲德尔·卡斯特罗领导超过60年和平的古巴。

身为古巴革命领导者之一的切·格瓦拉,被任命为古巴的检察长、国家银行总裁、工业部长等职位,并在1964年代表古巴出席联合国的第十九届大会。就在任高官职位的经历中,他无法苟同为官者萎靡奢华的生活,并与菲德尔·卡斯特罗在许多事物的认知上产生差距,也不愿因此影响到菲德尔·卡斯特罗的政权。于是格瓦拉选择离开古巴,继续投入为人类基本的公平正义而奋斗的使命中,加入被霸权荼炭的刚果游击阵营,以及推翻玻利维亚霸权的革命阵营。

在他给菲德尔·卡斯特罗的离别信中,特别指出自己无法认同官僚、奢华、浪费,因为他发现许多革命同志都是在豪华的汽车里、在漂亮女秘书的怀抱里丧失了以往的志气,所以为了保持革命者的形象,他只能选择继续战斗。只是这次在玻利维亚的革命行动,让他断送了性命,死于美国幕后策动歼灭他的玻利维亚革命战场。美国成功歼灭他,却也成就了他用生命为革命树立典范的一生。

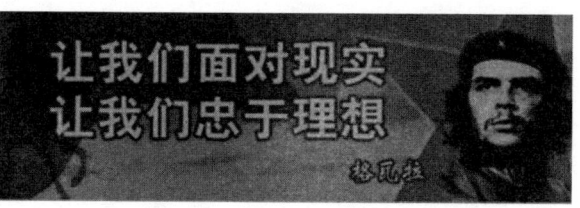

切·格瓦拉在古巴的壁画像及在中国的纪念图

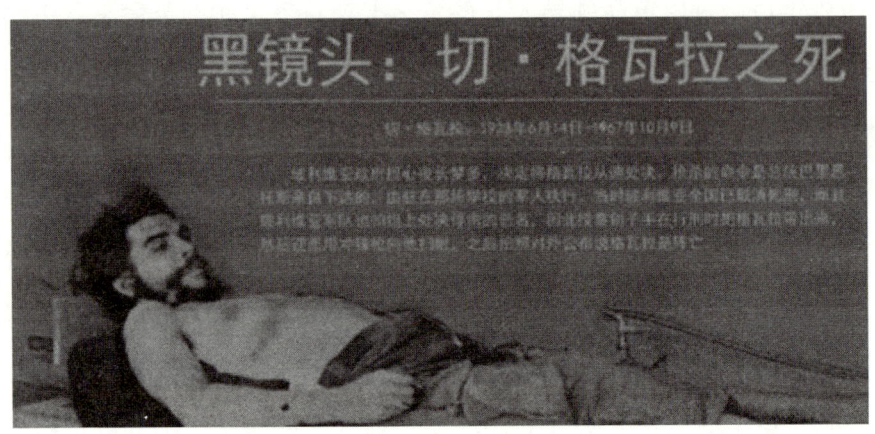

切·格瓦拉辞世照片

切·格瓦拉一生为人类基本的公平正义而奋斗的革命事业，不但树立了人类追求公平正义不惜付出生命代价的典范，也展现出比生命更可贵的基本价值，更对新殖民主义的霸占、帝国主义的侵略等，不惜用生命予以反击，让我们反省身处在公平正义的和平世界，是多么的难得而可贵。

匈牙利诗人裴多菲的诗，"生命诚可贵，爱情价更高。若为自由死，二者皆可抛"，阐释了自由的价值。切·格瓦拉用一生的奋斗血泪，为人类基本的公平正义树规，更开启了我们对生命价值的深入认识。锦衣玉食、荣华富贵的享受满足，只会蚕食实现理想的坚定信念，更在获得物质满足之后放荡、萎靡、堕落。跳脱出物质满足之后的认知、格局、作为，才得以继续实现理想、航向，成为不朽的国度。

而说到视物质享受如敝屣的伟人，阿尔伯特·史怀哲（Albert

Schweitzer）无疑是其中之一。他出生在宗教家庭，生活无虞，随着任牧师的父亲长在德国布道的环境里，潜移默化地奠定了济世救人的志愿，并且用一生来实践济世救人的工作。史怀哲在童年的时候，就展现了善于分享以及有担当、悲天悯人的个性。有一次，老师要同学将捐赠给贫穷家庭的面粉拿到教室的桌子上，他将带来的面粉分了一半给没有带面粉的同学，以免这个贫穷的同学被看不起。又一次，老师责骂是谁将挂在教室里的图画都弄到地上，所有同学都噤声不语，史怀哲挺身而出，结果被罚站。同学问他："不是你弄的，为什么要承认自己犯错呢？"他回答说："我犯的错是没有保护好教室的挂图，又让同学被老师责骂。我愿意被处罚，是期望自己不要再犯错。"好几次，同学邀他去钓鱼，他找了好多理由推辞，是因为他感受到鱼被钓上来的痛苦。一生吃素的他，虽然信奉基督教，却有着与佛教相同的悲天悯人的大爱。他的笔记里就记载了对佛教大爱的认同，绝不可以杀死、虐待、辱骂、折磨、迫害有灵魂的生命。他对生命的尊重，也从他的格言中获得验证：除非人类能够将爱心延伸到所有的生物上，否则人类将永远无法找到和平。

　　史怀哲21岁就立定好志向了，30岁以前要把生命奉献给传教、教书与音乐，30岁以后把自己奉献给全人类。他不但于23岁时就获得神学、哲学的博士学位，并在音乐、教书、传教等方在有了相当的成果，更出版好几本对阐释基督教有相当贡献的著作。追求理想也实现了梦想，让史怀哲过着优渥又被尊敬的生活，可是却丝毫

阿尔贝特·史怀哲在非洲

没有动摇他30岁以后把自己奉献给全人类的目标。他花了七年的时间，重新进学校读医学系，并在取得医学博士学位后，毅然辞去了神学院院长的职位，离开了环境优渥的故乡，带着妻子投身到非洲，以养鸡场改建丛林诊所，在全世界最落后的非洲行医，帮助最穷困的非洲人民。这一帮就帮了50多年，一直到他死去后，他所创办的医疗机构，也还在实践他行医的工作，并一直到现在。

史怀哲留给我们的不只是他所创办的医疗救援机构，在非洲成就了多大的贡献，救助了千千万万的非洲人民，更影响了千万的大人物、公司机构、宗教团体等对生命的尊重，并起而延续他创始的事业。每年有千百位医师效法他去医疗资源缺乏的偏远地区行医，还有无法估计的人道救助捐款捐资源的善行广为流传。

我们也从史怀哲身上，再一次见证生命的价值，尤其是当今以追求财富、获得优渥物质的多寡来判定生活价值的资本主义思想，对人类、对万物是多么的危险。所有资本主义国家都在想尽办法谋取、抢夺、占领、把持地球有限的资源，处心积虑利用各种手段，用改变基因的种子、化学肥料等控制粮食生产，制造族群、团体等矛盾冲突，

chapter4
成就"大商"的元素

阿尔贝特·史怀哲的著作《生命的思索》

阿尔贝特·史怀哲与夫人的合照

以维护资源的掌控。又以不实的证据发动侵略战争以霸占他国的资源，都在显现出资本主义社会对生命、对万物的剥削，新殖民主义的霸占、帝国主义的侵略带给人类永无翻身机会的灾难循环。

不论是基督教义教导了史怀哲的济世救人，或是史怀哲的济世救人实践了基督教义的真谛，史怀哲的奉献让只懂得追求物质享受、累积财富的资本主义观念价值，有一个反差和对照，呈现出有意义、有理想、有使命的正面人生。也让我们得以对生命、对生活、对和平、对自己有了正向的能量，效法对抗挫折失败的达·芬奇、无惧饥寒困顿的曹雪芹、为人类基本公平正义而奋斗的切·格瓦拉，以及用行医阐释大爱生命的史怀哲，他们的无私、无惧、追寻生命价值的牺牲奉献，丰富了世间的生命，也带给自己非凡的意义。

## 历史上"谁"对人类贡献最大

有一天，与几个朋友在讨论"人活着的意义与价值"。有越来越多的人就是在享受着"生为人"的生命，无论是贫穷、低贱，或是富有、高贵，就算是每天无所事事，也会有着让自己生命美好的幸福感。一些如环境、气候、四季演变等的变化，正是让自己感受在地球上活着的不同体验，更有不同的食物，满足自己"食"的本性，还有着满足生理需求的能力，繁衍后续生命反而成为，磨灭享受这个生命的噩梦而避之不及，或根本不在意需要承担繁衍后续生命的责任。这是个人"活着的意义与价值"，不管你我认不认同，也要予以尊重。

每个人对于"人活着的意义与价值"，都会有自己的认同及目标，对有权力的决策者而言，在决定组织、公司发明、技术、商品等要怎么规划，或了解、洞察什么样的"商业模式"最适当时，除了考虑利益、价值、寿命、涵盖范围、影响版图外，衡量对人类有什么样的贡献也是至关重要的。因此，有权力的决策者需要具备哪些的特质呢？要怎么实践"人活着的意义与价值"呢？或许我们可以由那些历史上"对人类有贡献的人"来探寻一些轨迹。

继往的人类总数量，比现在活着的数量还要多出很多，从已经盖棺定论的"先行者"们，来探寻这个轨迹，或许会比较客观些。

就像所有活在这个地球上的生物一样，人类活着的目的，就是延续后代，为了要让自己更有"力量"以延续自己的后代，任何手段都无所谓的。不过作为万物之灵的人类对于"自己的生命要怎么活"，多了不同的思考及认知，对不同人、不同种族、不同文化的认知及价值的认定中，有没有一些"活着的意义与价值"，是大多数人普遍认同的呢？

我们尝试提出一个问题，来探讨这个议题：在人类历史上，对人类最有贡献的是"谁"？这个答案或许有很多可能，也许在不同的答案里面，我们可以概略地了解这个议题，也就是在人类的族群里，有一些代表的"人"，让大多数人类可以认同，觉得"他活着的意义与价值"对人类有贡献。你也可以尝试想想看，"谁"对人类最有贡献呢？

## 爱因斯坦

爱因斯坦，1879年出生在德国犹太裔家庭的科学家。爱因斯坦幼年时就有语言障碍，1900年二十岁从苏黎世理工学院毕业，全班只有五名学生，他是第四名。他取得了当老师的文凭，毕业后选择到瑞士专利局任职，并继续在苏黎世大学攻读博士。

爱因斯坦

1905年他以"分子大小的新测定法",获得博士学位,并在同年发表《光电效应》《布朗运动》《狭义相对论》《质量与能量的关系》四篇论文。《光电效应》让他获得了诺贝尔奖,《质量与能量的关系》却埋下了日后美国制造出原子弹的种子。1915年发表了《广义相对论》,提升了人类对物理、宇宙的视野,1917年《论辐射的量子性》提出"受激辐射理论",创造了激光的学术领域。

爱因斯坦在年轻的时候,就已经提出让人类进一步认识宇宙的理论,不但让人类继续大步往文明前进,更得以向浩瀚宇宙的出发探索奠定基础,影响之巨大不言而喻。

**爱迪生**

爱迪生,发明留声机、电影摄影机、钨丝灯泡、直流电力系统等,是拥有累积超过一千五百项专利的发明家,他的发明对人类有着极大的贡献。

爱迪生因为晚熟，从小被老师认定是笨蛋。本身是老师的母亲，将他接回家自己教育，因此他连小学毕业的文凭都没有。在火车上卖报纸、糖果点心的少年时期，启蒙了他认识社会的生态。这时期他耳聋了，后来他获得火车站的报务员工作，需一小时发一次讯号给车务中心。爱迪生发明了"自动发讯号的发报机"，来帮他发讯号。有了这个自动发报机，他可以偷懒睡觉，却被抓到了。虽然发报机的发明很棒，可是也让他被解雇了。

自动发报机展现了爱迪生的才能，尤其是对电讯、机械的才能，因而他成立了公司，从事电讯、电报、机械维修等相关工作，并专门维修、改良事务用机械，如黄金、股票行情显示器、印刷机、复制机等，也成就了他发明改良印刷机、复印机等。他进一步成立了实验室，专门从事研发、改良、发明等工作。

1877年发明的留声机、1879年发明的比贝尔更清楚的电话、1880年取得灯泡专利及而后的电力系统、摄影机、放映机、蓄电池汽车、圆盘唱片、1912年的有声电影等，爱迪生累积拥有超过一千五百项，自1879年创办的通用公司或称奇异公司至今还在日进斗金中。

爱迪生及他的实验室超过一百位伙伴的发明成就，不只改善了人类的生活，更是以百折不挠、勇于尝试、不断创新、永不放弃等的实践精神，成为后世效法的典范，也使人们对他很尊敬。

## 诺贝尔

虽然他已经死了一百多年，可是在当今活着的人里面遴选出对人类最有贡献的人，还是要他说了算。这个人就是出生在瑞典的化学家诺贝尔（Alfred Nobel）。

诺贝尔这个已经过世一百多年的化学家怎么会产生这么大的影响呢？所有那些诺贝尔奖的得主，一直到死都会在得奖的光环里度过。而在获奖前，他们也只能跟你我一样，继续为"活着的意义与目的"打拼，这两者有着天壤之隔，这就是诺贝尔的影响力。何以化学家诺贝尔先生，有这么大的影响力呢？他的贡献就是发明了"火药"，虽然他发明的"火药"，带动了人类往现代化文明大步迈进，可是也改变了人类战争的形态，造成世界极大的伤害及死亡。他却赚了很多钱，也成了巨富，可是在晚年的时候，他对自己的发明造成人类的伤害及死亡相当自责，于是在遗嘱里特别拨出款项成立基金会，由基金会颁奖给当代"对人类有杰出贡献"的人。

诺贝尔的思想、行为、决定等，让他成就了不只是发明家的桂

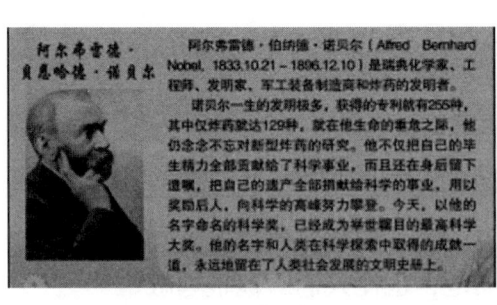 

诺贝尔

# chapter4
## 成就"大商"的元素

诺贝尔奖的颁奖典礼

获得诺贝尔奖的华人

冠,还获得了"对人类最有贡献"的成就高度,只是一个思想、行为就能改变诺贝尔在人类历史上的定位及成就,这是何等的领悟啊!

## 孔 子

同样有着这样影响力的,当然还有宗教领袖,像是耶稣基督、穆罕默德、释迦牟尼等。还有一位比耶稣基督早生五百年的中国圣人——孔子。

孔子的贡献,在于他中晚年才开始而后戮力一生的教学事业。

孔子的教育事业是如何建立的呢?他是如何在华人地区造成凡有学校,必有孔庙,有孔庙还不一定有学校的现象的呢?又是如何在人类历史上留下了前无古人、后无来者的《论语》?

孔子在有生之年的"活动内容",有什么特殊之处,何以一个仅七十余年的生命,可以影响两千多年来大多数的华人族群,备受华人推崇及景仰呢?

孔子像　　　　　　　　　　　孔子授课图

首先，孔子所创建的是人类得以迈向文明发展的教学业。学习已渐渐成为所有人类共同的基本权利了，而孔子所启发、传播、耕耘、种植、结果、繁衍、传承等的思想行为，又是以"仁"为中心思想所展现的忠、孝、信、爱、恕、礼、义、廉、耻等个人修行及人与人的相处文化，建筑出人类以"和谐"为主的生活规范，并以此奠基了处事、立国的蓝图。你看！这是不是与现在追逐利益、金钱挂帅、凡事以钱来论英雄的功利主义思想完全不同呢？

那"孔子"又是怎么创建出这样事业的呢？

这还要感谢他的"对手"，要不是他的工作上、仕途上、政治上、思想上的"对手"，孔子也无法创建这样的事业。公元前五百多年，孔子年轻时就在当时的几个诸侯国，齐、鲁等国，就是现在的山东地区生活、任职、讲学，并在五十岁的时候，任职祖国"鲁国"时立下功绩而做到了位极人臣的高官。可是好景不

chapter4
成就"大商"的元素

长，因与同朝的"对手"对立，致使他被迫离开自己的祖国"鲁国"，也就是这个"被迫离开"，成就了孔子传承两千多年的教育工作。

跟着孔子离开的，还有他的弟子、随从、认同他想法的人等。他要离开鲁国之前，当然也做过规划，包含要去哪里"谋生"的安排。初期也如同之前规划的安排，一如以往地与接待"客地"的人士往来互动，同时延续他在"祖国"时的讲学生活。新的地方也会有新的朋友，因此也有很多仰慕而来的新学子们加入学习。

可是规划赶不上变化，虽然在新的地方交了新的朋友，也有新的学子及追随者，却同时也树立了新的"对手"。于是，孔子被迫离开"祖国"的情形又再次发生在"客地"了，孔子及其跟随者又必须再次离开"客地"，往新的"客地"迁移，就这样一个"客地"一个"客地"的迁移。

每到新的"客地"也都会交到新朋友，收到新学子，可也不是所有的学子、追随者都会跟着往"新客地"迁移。孔子在当地收的新弟子，大都留在原来的地方，而这些留在原地的学子们，将自己在孔子身边学习到的文字、知识、观念、思想等，也在当地传播、繁衍起来。孔子就这样在客地颠沛流离了十几年，游历了当时中国的许多诸侯国家，终于在他七十岁的时候，被祖国"鲁国"迎接回去，可是这个如同流浪般的十几年的生活，却营建了一个有系统，还可以复制的教学模式。

**孔子授课图**

在民智未开的两千多年前,还是农、渔、牧的时代,所有的"好生活"都是因为懂文字、有常识所建立起来的。习字、读书是享有"好生活"的唯一途径,于是那些跟着孔子学习的当地弟子,将所学习的也依样画葫芦的在当地传播起来。就这样,孔子的学生繁衍开来,一代一代传承,也造就了"孔子"成为启蒙华人世世代代求学、讲学、教学的创始导师,被华人尊为"至圣先师",也成为对人类最有贡献的伟人之一了。

我们检视"孔子"所传授的事业内容,它没有对立的宗教思想,不是以牟利为出发点的商品,不是强权式的奴役制度,不是独裁式的威胁恐吓,不是对立式的战争,不是自私自利的思想,而是没有争议的学习、讲学、教学模式,以"仁"为中心思想的内容。以"仁"为中心思想的内容就是"产品",以定点式的讲、授、教

# chapter4
## 成就"大商"的元素

孔子像及孔庙的祭孔典礼

的方式,传授给来学习的弟子就是推广方法。来学习的弟子是"消费者",自愿以其他"商品"来取得孔子给予的教、授"商品",而驻点的"营运者"就是可以复制又可以一代传一代的孔子学生、学生的学生们,就这样在华人的族群里延续、传承、发展了两千多年。这是不是很熟悉,像不像现代的所谓"商业模式"啊?孔子提供这样的"商品",若是以现代推广模式来规划,也许就会像许多思想家一样,以"著作"的形式,由书商或是网络来推广,或可通过一场接一场的讲演来阐述，或是有学界提供一个长期的课程让"孔子"来教授，或是变成一门学派，由认同的学子们加以传承等。然而，要演变成一个事业体制，还能延续两千多年，却不是所谓对的"商业模式"就可以做到的。

中国在这两千多年里，几乎所有朝代的权力阶级和富贵阶级都是诞生自"孔子"所创建的这个"教授体制"的"商业模式"，而且无论朝代怎么演变，教授的内容怎么演化，这样的"商业模式"始终不变，甚至更推广到地球上有华人的每一个角落。

## "大商"的格局

回到"谁对人类最有贡献"的议题上，爱因斯坦、爱迪生等科学家、发明家，当然是伟大的，如果他们的发现和发明，可以复制、繁衍、传承那就更好了。

诺贝尔等的贡献，当然也是伟大的，除了诺贝尔晚年因帮助人类的领悟而成立了诺贝尔基金会，也因为有了瑞典，以国家的力量，让诺贝尔的精神得以延续下去，更可以让生生不息的后生晚辈们，也以贡献人类的目标前进。无论有无获得诺贝尔奖肯定，此模式必将一直延续下去，同时更彰显了诺贝尔的伟大，期盼这个奖励大家"贡献全人类"的模式，可以再继续延续千年、万年。

爱迪生为了自己的利益却无所不用其极地污蔑发明交流电的尼古拉·特斯拉（Nikola Tesla），更用其强大的财富、关系做后盾，掩盖交流电的真正的能效，运用媒体、政府权力将交流电塑造成恐怖的杀人怪兽，最终特斯拉死于自己的饭店房间，死因不明，可是房间里所有的手稿都消失了，也让这个被誉为最接近神的科学家尘

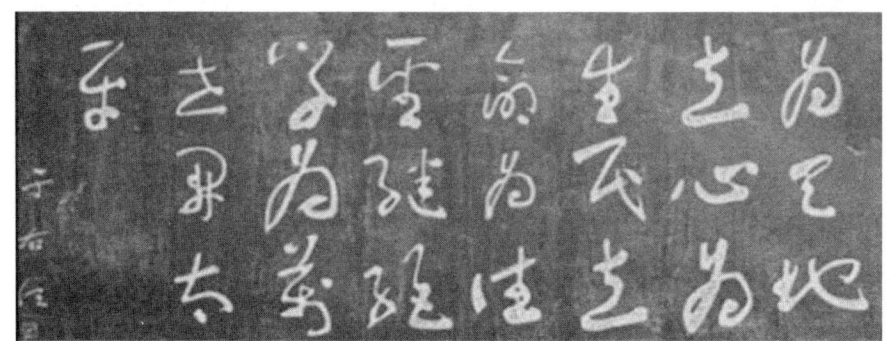
**书法家于右任书法作品**

封了约70年,这种以利为出发点又不择手段达到获利的心性,终究还是会被世人唾弃的。

宗教界的争议,几千年来就一直是族群间纷扰的起源,有多少不同宗教信仰的族群,就为了信仰的不同,而遭受生灵涂炭的命运,甚至导致整个族群的灭亡。或许在外星智慧生物出现后,这个导致人类战乱了几千年的争议起源可以消亡。

相对于孔子以"仁"为中心的思想,有教无类、因材施教等观念,与诺贝尔晚年悲天悯人的"领悟",是否也可以让不同的宗教信仰接受呢?这或许可以反照出有权力的决策者,在规划"商业模式"的时候,除了认清"核心价值",更要以宏观的高度,来审慎这个"商业模式"的延续性、影响性,而决策者的心胸、认知、学养、心性、品格等,也是决定此"商业模式"的历史高度的因素。其成就的不仅仅是个商人而已,更是成为对人类有贡献的大商。

大商的格局,或许如同中国宋朝的大思想家张载的注解:"为天地立心,为生民立命,为往圣继绝学,为万世开太平"。

# 作者经历

回顾经历，不为名利地专注每一个命中注定的工作，生命自然美好。

1982年进入了由黄世明先生打造的电玩世代，机缘了成为世界首富的比尔·盖茨。

1987年协助日本东芝的高桥贞一（高桥和成）社长，将远红外线产品在台湾首发。

1998年拜访新浪网创办人姜丰年先生，这次拜会是由陈仲民先生与同学蒋正中先生安排的，这个会面不但让台湾的随身码跨海到大陆，更开启了电信+网络交友的新世纪。

同年，为了解决网络购物的交易安全问题，就以每个人独有的电话号码，发明了个人标识号，并与台湾的清华广告李俊雄先生、董志谋先生及统一集团的杨明井先生创设了第三方支付的安全交易平台，开启了第三方支付系统的新领域。

> 预见未来商业
> YuJianWeiLaiShangYe

之后就一直浸淫在全球首创或是将有潜质的产品精炼出创新的核心价值，策划成为引领全世界的新样貌，像是已经成功问世的随身码、电信+网络交友、第三方支付系统、无毒计算机（无盘工作站）等，每个项目都繁衍出千千万万的相关族群，更创造出千万亿元以上的商机。

延续着这样的态度，反转人造血小板的再次复活，协助开辟全息频谱运用，研发颠覆IT产业的散热技术，打造益生菌的生态农业、生态环境等项目，首创出电动机车引爆的新商业模式，让各族群更和谐的地球人频道，策划中华经络诊疗仪，建立中国千年的中医经络医学以科学数据、义诊的创新模式服务全世界，以及用爱与慈悲重新拾回人与人之间喜善福悦的助耕事业等，以实践实现，不求名利的态度，堆栈出以创新、和谐、对人类和平奉献的感恩人生。

## ◎ 与比尔·盖茨从哈佛学生变成世界首富的机缘

啊……这是什么状况啊！公司在星期五下午的正常上班时间，企划部可以由公司请看电影；这是20世纪70年代，由几个交大（台湾交通大学）同学共同创立的大能计算机公司，一个设计电子游戏机（Arcade game）的公司，由年外销600万美金的亚太电子公司的创办人黄世明邀约同学杜荣福、尹祺、简忠贤等创立的，这个机缘不但参与创造出"软件有专利权"的革命性时代，也机缘了一个哈佛的学生变成世界首富。

## 作者经历

### ◎创立全球第一个随身码：或许也是与QQ、微信、支付宝等有机缘的源起

　　一个电话号码到全世界任何地方，都可以接听来电，还没有漫游费，在号称黑金刚的移动电话刚刚出现时，这个被定名为"随身码"的电话号码，就在台湾运行了，不但帮助许多台商节省了大笔的国际漫游费，也在一定程度上促进了大陆的"一号通"和香港"飞线"的诞生，还与新浪网合作创造了全球第一个电信、网络的交友平台sinatalk.com.tw，并创造了全球第一个第三方支付的运用系统，在电信、网络刚启蒙的时代里，领先地创造出许多先机，或许也为了现在行动、网络交友（QQ微信）、支付金流（支付宝）等的出现提供了商机。

### ◎无储媒计算机（无盘工作站）的创新服务系统主持人

　　目前几乎大陆所有的计算机教室、证券用计算机系统、慎防机密外泄等的计算机系统，都是使用无储媒系统，也就是无盘工作站，这是在20世纪90年代就引进大陆的系统，初期是用在学校的计算机教室、计算机租赁公司等，之后因为能解决资安及中毒问题而运用到了机密性高的国防、军事系统，同时还用于网吧、酒店客房计算机等公共服务计算机，也因而就有了合作使用的四川鹏博士公司并购了北京电信及长城宽带，而在全球越来越重视资安及防黑客入侵的需求下，无储媒系统，也就是无盘工作站还继续在展现出新的商机。

## ◎让世纪新药:"人造血小板"(冻干人纤白蛋白微球)起死回生的领航者

在大陆耕耘近20年的世纪新药"人造血小板"(冻干人纤白蛋白微球),自2005年完成三期临床试验后,受到大陆药监局的检查,正在等候药监局的指示及消息。之后,公司重要的研发领导李家增教授,也在遗憾中过世了,整个公司几乎陷于停顿了,只靠财力雄厚的董事长樽节地支持着。

2012年6月,这个对救人有极大贡献的世纪新药:"人造血小板",也让作者有了参与的新生机,就在作者规划的全新商业模式,以及动员几十个有影响力的朋友共同合作的积极布局之下,联系拜访了十几家大陆医药公司,终于让此药以新的合作模式与大陆的公司合作,不但成功地签订合作协议,也让困顿了六年,独自在大陆寻求解决的困境解除。

## ◎新创项目:地球人的频道,期盼对人类的了解有大贡献

地球人的频道的使命:

创造出一个地球诸国间相互了解的平台,以人类命运共同体为人类服务的使命,增进各国间相互的了解为目的,进而迈向和平、共荣、世界大同的目标。

地球人的频道,是由全球各地的当地国、不同族群等,自己编写、制作自己的影片,没有任何外来思想、价值观的入侵,不但以尊重本土文化、习俗为首要,更能够保存各民族族群最珍贵的文

化、风土、民情、信仰、习俗等,可以将其传承、延续起来。

目前地球上有超过二分之一的国家、地区几乎没有基本的电力网、电信网、因特网、卫星网等,地球人的频道还可以配合中国"一带一路"及亚投行的资金支持,协助这些地区建置先进的电力网、电信网、因特网、卫星网等,不但对电力、电信、网络、卫星等相关的重要产业有着极为重大的发展机遇,更因为是以"自己国家自己管理"的模式展开工作,阻断西方霸权危害他国的国家安全、窃取他国机密的情况,因此在对人类命运共同体的实践中务实地尊重各国、各族群间的作为,进而迈向和平、共荣、实现世界大同的理想。

## ◎中华经络诊疗仪,以科学中医数据、义诊的创新模式,服务全世界

中国的中医经络医学,几千年来都是依循着中医师的传承、经验、感觉、研究、交流等,将经络、穴位、针灸作用、施针技术、扎针深度、针灸时间等,积累起来服务大众。

中华经络诊疗仪,超过十年的医学临床,终于在2011年获得美国药监局FDA 注许K091933、中国药监局CFDA 国械注许20162210063,以及韩国、中国台湾等的认证,并努力地营销到全世界。

只是,这么好的产品,要怎么推广呢?有没有能够既展现其核心价值,又符合各国国家法令、国家安全、民情风俗等,还能快速

全球普及的商业模式呢？

一个电子式经络穴位诊疗仪器，以中国中医的经络穴位做诊疗，能够获得美国FDA的认证，是极为难能可贵的，虽然这是16年前的设计技术；如何将此16年前的仪器，结合现在的科技，创新出不同的运用、定位、价值呢？

要如何创新，却又不能改变FDA、CFDA等认证过的结构呢？

一、首先将探测经络穴位的状况、通顺的程度，再加以现代的科学技术来测量，并将量测情形予以数据化，这样中国几千年的中医经络穴位，就有了量测的数据了，这是极为重要的创新，或有可能是中国中医医学的新里程碑。

二、将数据化的数据，存入的云端大数据中心，同时也传给被量测者的手机或计算机里，被量测者有自己经络穴位的状况数据，以及经由专业中医师解析后的状况资料，让被量测者了解自己的健康状况等。

三、创新商业模式，招生培训专业诊疗量测服务师，给予专业的中医原理、经络穴位、诊疗量测、品德教育等的培训课程，通过的服务师，派驻至居住地区做经络诊疗仪的服务，初期为免费的义诊服务，不但可以积累附近居民经络穴位的大数据，更可以专业服务建立自己的客户群。

四、此商业模式，采用不贩卖中华经络诊疗仪的策略，不但打破了传统的经销模式，解决了购买者自己诊疗的不专业、不方便、不会用等的缺失，更创造了无数的就业机会，让一台诊疗仪每天数十次、百次地工作，更是传统销售成绩的百倍、千倍、万倍。

五、大数据中心不断地累积用户的诊疗数据，不但可以了解这个区域居民的中医经络穴道为基准的健康状况，更可以AI人工智能来服务大众，或许国民的健康状况，是国家的机密数据，因此这个大数据中心是可以归属于国家的。

六、熟练又有外语能力的服务师，还可以派驻到世界各地服务，不但可以快速地累积这个国家、地区居民的健康状况，协助这个国家建立国民健康数据中心，更可以将中国几千年来的中医医学推广到全世界。

以上列举的效益，以及再衍生出的更多效益，都是可以预期的，尤其是有了美国FDA，中国CFDA等的认证，让这个以中国经络穴道的中医医术，不但有了量测的数据化基础，更可能是中国的中医医学服务全世界的领头羊，就让我们期盼中国的中医医学就像中国的美食一样，在全世界遍地开花。

◎ **维护世界商业秩序、全球产业自我监管系统**

在科技日新月异的时代，几乎所有的商业项目，都以获得最大利益为目标，甚至于不择手段来占领市场。如泛滥全球的仿冒伪劣品，就连国际级的全球百大企业，都伪造数据来谋求更大利益，全球最大的食品集团，以高科技技术改变农作物的自然天性，施用伤害土地、物种的化肥，运用化工技术让食物敛财化，根本对食品是否安全、是否健康、会不会危害生命等因素毫不忌讳，已经达到，我只要你的钱，管你死活的地步了，更有甚者，连受核灾污染的作物、食品等都毫无忌惮全球推广销售，还连标示都鱼目混珠，或是直接料理给不知情的观光客食用，这种匪夷所思的行径与强奸、霸凌又有何不同？这个受核灾污染作物的国家领导者、主事者，还理所当然地推动。此等以入侵、殖民、压榨他国人民的心态，也只有以利益为最高原则，为赚钱而不择手段的资本主义的观念下，荼毒着现在地球上的每一个生命。

2003年一个已经在全球最大的IT产业代工集团内部管理着几千、几万个零件及数据等，防替换、无漏失、零泄漏的机制，2013年又获得全球最大的公司——苹果计算机的认可，也采用在全球所有的苹果供应链的所有相关零组件、供应、生产、经销、后续服务等，守护了此公司从源头供应到后续维修等的一条龙的品管及服务。这是苹果公司实践对自我监管的严格要求，不但是对自己负责，更展现了必须对所有客户负责的态度。

这样的一个机制，就是李锦峰博士发明，在20世纪90年代就引进大陆的无盘工作站系统所衍生的，这是从源头或种植、耕作、原物料、加工、进货管控、生产、制造、仓储、物流、经销、维修、回收、二次利用等，所有的环节都监管着，尤其是尽量采用自动智能管理，避免人为的操作，从源头就守护着每个工序、每个阶段、每个人的权益及安全。

这个机制，在其他行业得以实践，要感谢苏州台商李坤临会长，因为台湾的金门高粱伪劣酒横行中国大陆需要一个机制来维护金酒的权益，于是由作者策划，邀请王博士引荐，与英杰惠能公司牛志刚董事长、中国玻璃崔向东总裁、吴森渊总经理、彭富荣执行长等共同启动，并以制定出各行业的严谨规范为首要，再陆续将此机制运用于各个行业。

维护世界商业秩序、全球产业自我监管系统的创建，也获得中检集团溯源技术公司王成杰总经理的指点，对于服务业，例如运用车辆保养场，可以保障维修、避免机油、零件被偷换等事情；运用于酒店饭馆，可以保障食材、料理的安全；用于烟酒茶、中草药等，不但可以有严谨的监管机制，更可以照顾所有辛勤工作的朴实百姓。

我们策划这个机制，对维护世界商业秩序有一些帮助、最根本还是要从产业自我的监管系统启幕，这个机制，是提供给各行各业以诚信为本的经营典范，这是新ISO（International Organization for Standardization）的思维，是以消费者的立场来维护消费安全、消费权益、消费秩序等的新ISO规范。

2018年2月的工业互联网峰会上，李锦峰博士提供给富士康集团的Invictus、Utah、Comanche等三个管理系统正式发表，不但协助了网络安全的国家队360公司，创制了360工业互联网安全系统、守护企业、国家等网络安全的新平台，京东商城更为所有厂商的网络安全积极建置中，这更奠定了AI-ISO在守护企业等安全机制上的坚实。

什么是维护世界商业秩序、全球产业自我监管系统的核心价值

呢？作者提出以千百亿年来，让仅仅占宇宙4.6%的正物质得以规律运行、得以让万物规律生长、得以让基因有序演化、得以让你我壮大繁衍的基础"爱与慈悲"，创建出爱与慈悲的经济学。

产业自我监管系统就是主事者爱与慈悲的实践，是让所有产品、物品，如同基因、四季演变、万物生息、宇宙运行等有规律的机制，实践这个机制就是维护了世界商业秩序。

2018年是新商业秩序，AI-ISO的诞生年，是爱与慈悲经济学的创建年。

# 后 记

时代前进的巨轮，滚进了多少英雄豪杰前进的速度，远远超过驾驶兰博基尼追赶的你我，在这个永不停歇的巨轮里，我们也仅仅是一个如蜉蝣般微不足道的过客，有什么是我们可以在滚动巨轮下，留下的正面印记呢？

在此特别感谢引领我进入计算机行业的尹祺先生，一位在时代巨轮下已烙制永恒印记的良师益友。

也要感谢提供我图片的朋友及公共网站，如若有未查明而侵权的事情，在此特别致上最深的歉意，并恳请尽快与我联系，以便弥补过失。

也恳请对本书提供的思维、内容等，予以批评及指正，更期待在您的批评指正下，得以反省、修正、进步，增长智慧。

王祚彦　于台北师大路星巴克